HOMMAGE

A

LA VÉRITÉ.

HOMMAGE

A LA VÉRITÉ

CONTRE

L'oppression, l'injustice et les rapines du DIRECTOIRE *et de ses* REPRESENTANS *au Corps-Législatif ;*

OU

APPEL A LEUR CRUAUTÉ,

POUR EN OBTENIR LA MORT,

PAR une Famillle de RENTIERS et CREANCIERS de l'Etat, réduit à l'agonie du désespoir par l'extrême besoin.

A PARIS :

AN VII (1799 v. st.)

HOMMAGE

A

LA VÉRITÉ.

LES citoyens vertueux, à la compassion desquels je dois le peu de nourriture qui me retient encore à la vie pour quelques instans, et le petit réduit qui me met à l'abri des injures de l'air; les rentiers malheureux, l'artisan, l'ouvrier et l'artiste estimables, privés de travail, le cultivateur laborieux; le marchand honnête, le militaire respectable, que le despotisme qui nous menace cherche à corrompre et à dégrader pour en faire l'instrument de sa propre ruine et de la nôtre, tous ceux enfin qui ont conservé quelque vertu sur la mer de corruption que nos premiers Magistrats ont créée par le débordement de leur immoralité, leurs turpitudes et leurs crimes, liront cet écrit avec quelque intérêt; il réveillera en eux le sentiment de leurs malheurs, ou leur rappellera le souvenir de ceux d'une femme, d'un père, d'un fils ou d'un ami.

Ils me feront grace de l'élégance du style, et de la force des expressions ; ils me loueront d'avoir osé attaquer le crime puissant, qui a établi son siège sous les manteaux dorés de quelques Représentans; ils applaudiront au dévouement qui m'aura fait saisir le miroir fidèle de la vérité pour le leur présenter sans ménagement, et les faire rougir, s'ils sont encore susceptibles de repentir ou de quelque sentiment de honte, des traits difformes, hideux, horribles, qui caractérisent leurs physionomies morales. S'ils disent que j'ai été utile a ma patrie; s'ils reconnaissent du moins que j'en ai eu l'intention, ou si, excités par mon exemple, les républicains plus instruits et énergiques travaillent à l'envi à tracer le tableau de ses maux, que je n'aurai qu'indiqué ou faiblement ébauché, et parviennent ainsi à améliorer son sort ou à prévenir de plus grands malheurs : alors, oh ! alors je mourrai satisfait ; je franchirai sans regret et avec joie la faible barrière qui me sépare du néant.

Qui pourra se flatter de pénétrer dans l'a

byme immense des délits dont se sont rendus coupables et que commettent tous les jours ceux qui tiennent les rênes du gouvernement? Pour moi, condamné à une solitude absolue par la misère, la faim et les regards insultans de quelques parvenus, qui se sont enrichis de nos dépouilles, je n'ai pû en appercevoir que la superficie. Cependant, que de faits se présentent en foule à mon imagination révoltée, qui les accusent d'injustice! combien pourrais-je en citer contre leur inhumanité! combien qui attestent leur usurpation! combien qui dévoilent leurs rapines! Je vais en présenter quelques-uns.

Leur injustice se manifeste dans les lois rendues contre les Rentiers et Créanciers de l'Etat. A considérer le nombre de ces lois, qui ne croirait qu'une sollicitude paternelle pour cette classe nombreuse de la société animait les meneurs conventionnels justement exécrés, dont chaque pas dans la carrière révolutionnaire a été marqué par un crime : chacune de ces lois depuis le 9 Thermidor est un bilan de banqueroute. Leurs constitutions, celle de 93 qu'ils ont jurée vingt fois, et celle de l'an III qui nous a été donnée au milieu de la foudre et des éclairs de ces nouveaux dieux, portent : « que la loi doit être la même pour » tous, soit qu'elle protège, soit qu'elle pu- » nisse ; que la propriété de chaque citoyen » doit être également respectée, et que cha- » cun doit supporter les charges de la so- » ciété, en raison de ses facultés ». Voilà leurs principes : y conforment-ils leur conduite à l'égard de 5 à 600 mille rentiers, des créancier de l'Etat et des émigrés ? non certes. Les rentes, ils les ont payées en assignats valeur nominale, tandis qu'ils recevaient pour leur traitement d'après l'echelle de dépréciation. Le malheureux rentier à vu ainsi se transformer dans ses mains un revenu de 100 liv., représentant un capital de deux mille livres versées en numéraire dans les coffres de la nation, en un vil papier dont il retirait à peine cinq sols.

Les assignats disparus, l'espérance renait-elle dans le cœur de ces infortunées victimes de la révolution ? elle s'évanouit comme un songe à la création des mandats, avec lesquels on les paie encore d'après leur valeur nominale, lorsqu'ils ont atteint le degré de discrédit qui fit annuller les assignats. Les mandats supprimés, ils s'attendent à être payés du montant de leurs rentes en numéraire :

une loi vient encore une fois détruire leurs espérances et les condamner à en recevoir les trois quarts en bons, qui perdent 98 pour cent. Du moins le quatrième quart, payable en numéraire, leur offrira une ressource : hélas ! le paiement en est retardé par mille et mille incidens ; on crée à la Trésorerie des bons un quart qui le représentent ; on les fait acheter sur la place à 55 pour cent de perte à des infortunés que le besoin poignarde, et ce sont ceux-là qui sont les premiers payés : les autres seront condamnés à une remise continuelle, jusqu'à ce que les porteurs se décident à faire le même sacrifice. On appellerait cela un paiement ? on prétenderait s'acquitter par d'aussi perfides moyens ? on paierait un quatre centième, un centième, ou si vous voulez un huitième d'une rente, et on n'appellerait pas cette ombre de paiement du nom infâme de banqueroute meurtrière et assassine ?

Les capitaux étaient encore intacts : une loi en mobilise les deux tiers, ou plutôt les anéantit ; car quel autre nom donner à un remboursement forcé, qui met dans les mains du capitaliste 2 pour cent de sa mise ? On s'attendait du moins que le revenu du tiers consolidé serait la planche qui le sauverait d'un triste naufrage : le premier paiement est encore à faire. Rentiers, Pensionnaires, et Créanciers de la Nation ou des Emigrés, tout est confondu dans ce qu'on appelle grand-livre monument déplorable de la ruine d'un million de familles ; livre fatal, d'où sont sortis, comme d'une autre boîte de Pandore, l'infâme banqueroute, l'agiotage au cœur d'airain, les gains scandaleux, les ruines subites, le luxe insolent, la pauvreté pâle et décharnée, la honte, l'infamie, la famine, la désolation et les suicides nombreux.

Infortunés Rentiers, Pensionnaires et Créanciers de l'Etat, quel est le vertige qui vous fait courir à une mort prématurée ? pourquoi ternissez-vous une longue vie coulée dans l'exercice des vertus sociales, en vous détruisant vous-mêmes ? pourquoi ces cris de fureur contre la République, qui peut seul assurer vos propriétés, et ouvrir votre cœur à de nouvelles jouissances ? Ne la calomniez pas, elle ne veut pas, elle ne saurait vouloir la banqueroute. La vertu est son essence : l'injustice, la déloyauté et l'improbité sont ses mortelles ennemies : ne l'accusez donc pas de vos maux, ne lui imputez pas les crimes affreux qui souillent son berceau ; ils sont l'ouvrage de vos premiers Magistrats : tournez contre eux toutes vos fureurs, faites retentir jusqu'au fond de leurs palais vos cris d'indignation ; serrez autour d'eux le faisceau de votre haine, de vos imprécations, de votre exécration ; exhalez contre eux l'animadversion, l'horreur qu'ils doivent inspirer à tout être sensible et raisonnable. Si quelqu'un de nous succombe sous le poids de ses malheurs ; si la vie lui devient insupportable, qu'il en marque les derniers instans par un acte utile à la patrie ; qu'il meurre.... mais.... méritons de partager avec Brutus, les autels que chaque républicain lui érige dans son cœur ; renonçons à cette apathie funeste, qui nous a tenu jusqu'ici éloignés des assemblées politiques ; réunissons-nous aux Députés fidèles et à tous les citoyens probes et vertueux, qui veulent la stricte exécution de la constitution de l'an III.

Rallions-nous tous autour de cette arche sainte, et que les impies qui, comme les Coré, les Datan et les Abiron, y porteraient des mains sacrilèges, soient à l'instant frappés de la foudre nationale ; épuisons tous les moyens de réclamation ; rappellons par des adresses énergiques nos mandataires à leurs devoirs ; mais ne nous bornons pas à des vœux inutiles pour le retour de l'ordre et le règne des lois : après l'avoir demandé, provoqué et sollicité par nos écrits, sachons l'obtenir s'il le faut par notre courage. La réunion de tous les Français dans leurs assemblées primaires respectives au premier Germinal prochain, nous en offre le moyen légal : la violation de la constitution, l'usurpation de nos droits et le refus des autorités constituées de rentrer dans les limites de leurs pouvoirs, nous en imposent la cruelle nécessité.

Le Directoire, les intrus au Corps-législatif, qui ne sauraient y représenter que l'or qu'il a prodigué pour en obtenir l'admission, et quelques ex-conventionnels méprisables, tels que Génissieux, Lehardy, Lecointre-Puyraveaux ; et tous ceux qui n'ont pas rougi de montrer dans leurs opinions le collier dont il tient la chaîne pour les diriger à gré, se flatteraient en vain d'éterniser notre désunion. Le moment est enfin arrivé, où chacun réfléchissant sur la cause de ses maux individuels, est remonté à leur source, et l'a découverte dans le vertige qui lui a fait voir un ennemi dans l'homme estimable, que les fripons et les ambitieux dévouaient à sa haine ; pour la découverte de leurs têtes coupables ; dans ce froid égoïsme, qui nous rend étrangers aux injustices dont nous ne sommes pas individuellement frappés, et qui finirait par nous livrer isolés, un à un à la dent meurtrière des ogres qui nous gouvernent. Le Rentier commence à s'appercevoir qu'en réclamant pour lui la justice, qui doit lui assurer le fruit de ses long travaux, il doit l'invoquer en même-tems pour les Pensionnaires et Créanciers de l'Etat, et pour tous ceux dont les titres ne sont pas moins sacrés que les siens.

Le Prêtre constitutionnel qui, secondant les premiers efforts de la liberté par ses prédications révolutionnaires, sut renoncer à l'appas séduisant d'une fortune facile dans la carrière qu'il avait choisie ; l'infortunée Religieuse, que l'inhumanité de ses parens avait jettée dans un cloître, ou que l'amour de la solitude et d'une vie exemte d'inquiétude y avait attirée, qui reçurent avec joie le joug des lois républicaines ; l'homme de confiance qui, après avoir passé les belles années de sa vie auprès de quelque grand ou de quelque riche particulier, en obtint une modique retraite pour récompense de sa fidélité et de ses bons offices ; l'ouvrier qui leur fit l'avance de ses fonds et de son travail ; le négociant qui leur livra ses marchandises à crédit ; le militaire qui versa son sang pour la patrie, et dont le corps mutilé atteste le dévouement qui lui fit affronter les dangers de la guerre pour nous garantir de la vengeance des rois conjurés pour notre perte ; la mère, la veuve, l'orphelin de celui qui mourut sur le champ de bataille, n'ont-ils pas tous une hypothèque semblable sur les biens domaniaux, du clergé et des émigrés ? la Nation, qui a voulu assurer à chacun sa rente, sa pension, sa retraite ou sa créance, peut-elle se rétracter ? consacrera-t-elle la ruine d'un grand nombre d'excellens citoyens au profit d'un petit nombre de voleurs ? souffrira-t-elle que le gage de sa dette ou de sa reconnaissance, garanties par tant et de si justes lois, passe et reste dans les mains de ses mandataires infidèles, qui les ont gaspillées, dilapidées, ou se les sont appropriées en grande partie, au lieu de les employer selon son vœu au remboursement de ses créances, et à la distribution des récompenses, qu'elle n'aura pas promises en vain à ses défenseurs ? Elle saura respecter les acquisitions légitimes, et revendiquer celles qui sont le fruit d'une honteuse collusion entre les fonctionnaires publics et leurs agens corrompus. Les hommes de bien qui la composent, révolté d'entendre profaner sans cesse le nom sacré de Justice par des hommes qui ne se signalèrent jamais que par des actes injustes, et qui semblent l'avoir bannie de la République, sentiront la nécessité de se rallier pour en assurer le retour par une sainte coalition. Ils ne réclameront pas seulement contre l'injustice qui prive de leurs propriétés les Rentiers, pensionnaires et Créanciers de l'Etat : l'unanimité de leurs voix se fera entendre comme un tonnerre en faveur des officiers réformés ou à la suite, et de leurs camarades vieillis sous la tente, qui, par l'abus le plus révoltant, languissent sans emploi, tandis que des imberbes privilégiés obtiennent du Directoire le prix de la valeur des premiers, et étalent à nos yeux des épaulettes étonnées d'appartenir à ces nouveaux Céladon, qui ne se firent jamais remarquer que par l'insolence de leurs costumes chouans, leurs habits quarrés et leurs perruques à la Caracalle (1).

---

(1) Je ne prétends point parler de ces braves chefs

Sous quel règne vivons-nous? ne nous reste-t-il déjà de la République que le nom? l'arbitraire royal peserait-il de nouveau sur nos têtes? et serions-nous menacés de cet excès d'avilissement, de n'avoir brisé ses chaînes que pour reprendre celles de quelques maîtres obscurs, qui affectent toute l'impudence? Qui pourrait en douter en voyant leur mépris affecté pour le mérite et les longs services de nos concitoyens armés; leur application à nous prévenir les uns contre les autres, en nous calomniant tour à tour, en leur montrant d'un côté leurs pères, leurs épouses, leurs mères, leurs enfans et leurs amis restés dans leurs domiciles, comme des turbulens et des séditieux impatiens du joug des lois républicaines, et nous les présentant de l'autre la main toujours levée pour nous fusiller ou nous sabrer au premier signal de leurs chefs et à la moindre plainte contre nos tyrans com-

---

qui ont tout abandonné pour voler à la défense de la patrie, et dont le courage a toujours égalé le patriotisme : je sais qu'il s'en trouve encore dans les phalanges républicaines, malgré tout ce que les gouvernans ont fait pour les en chasser. au moyen des embrigademens.

muns ; lorsqu'on est le triste témoin du mur de séparation qu'ils ont élevé entre eux et nous jusques dans les fêtes publiques, où ils semblent ne nous convoquer avec eux que pour nous insulter tous, en nous faisant servir à l'étalage de leur puissance aux yeux des ambassadeurs et de leurs créatures : les militaires, on les y laisse du matin au soir sans nourriture, afin de leur faire sentir qu'ils sont appellés comme instrumens, et non comme spectateurs ; les autres citoyens, on les menace de les faire sabrer à la moindre réclamation contre les privilèges qui assurent des places distinguées aux mignons, aux agioteurs et aux prostitués de la nouvelle cour, pour qu'ils n'ignorent pas que la même volonté qui leur permet de se réunir pour servir au spectacle, peut les faire exterminer.

L'injustice de cet oubli outrageant et de ces préférences odieuses, par laquelle on foule aux pieds l'égalité jusques dans son dernier asyle, ne nous permet pas d'être étonnés de celle qui se commet journellement, et qui fait qu'on destitue un brave officier au profit d'un Sybarite ; qu'on accorde des congés absolus ou des sémestres aux jeunes favoris de la fortune, tandis qu'on les refuse aux fils des cultivateurs et des ouvriers ; qu'on exemte ceux-là de la réquisition, et qu'on l'exerce avec rigueur contre les autres ; qu'on place les premiers dans les administrations publiques, ou qu'on leur prodigue de gros appointemens pour ne rien faire ; et qu'on livre les parens des seconds à l'opprobre et à la misère.

Ne verrons-nous jamais le terme de ces injustices révoltantes ? esclaves imbécilles des plus infâme scélérats, garderons-nous un silence stupide sur les cruautés qu'on exerce envers nos malheureux enfans ? les livrera-t-on long-tems encore à des commissions militaires ? les fera-t-on fusiller, ou les précipitera-t-on dans des cachots pour les réclamations les plus justes ; les plaintes les mieux fondées, sur les prétextes les plus frivoles, ponr un geste, une parole, une minute de retard à leurs nombreux appels ? les privera-t-on toujours de toute instruction, de tous journaux, de toutes communications avec leurs parens et amis ? souffrirons-nous qu'on les traite en étrangers au sein même de la patrie, qu'ils défendent avec courage ? Qu'ai-je parlé de Patrie, ce nom si cher aux ames bien nées !..... gardons-nous de le proférer, il n'en existe plus pour nous !..... cinq Tyrans et quelques Législateurs leurs complices nous l'ont enlevée, et se sont mis insolemment à sa place. Monstres exécrables, votre secret est révélé : c'est pour usurper l'autorité souveraine, que vous façonnez à l'esclavage nos enfans, nos proches, nos amis ; que vous leur donnez pour chefs des émigrés, des voleurs, de roués, qui adorent en vous l'affreuse puissance du crime, et font fumer sur vos autels le sang d'innombrables et innocentes victimes. Citoyens armés, généreux défenseurs de la liberté et de l'égalité, que nos maîtres orgueilleux n'appellent plus que du nom vil de soldats, réfléchissez sur les injustices dont on vous accable, sur le mépris et les dégoûts dont on vous abreuve, et votre ame s'ouvrira à la pitié au récit des maux sans nombre qui réduisent au désespoir vos pères, vos mères respectables, vos épouses, vos enfans, vos amis, tous citoyens qui ont conservé quelque vertu.

Peut-être serez-vous mutilés en combattant pour nos Despotes, ou comdamnés à une impuissance non moins cruelle, par les maladies qui règnent dans les camps ; vous ne serez pas du moins toujours jeunes ; et lorsque la vieillesse ou les maladies auront roidi vos corps, lorsque les bombes, le canon ou les sabres ennemis vous auront privé de vos membres et ôté tout moyen de pourvoir par vous-mêmes à votre subsistance, quelle récompense, dites-moi, pourrez-vous attendre des pervers qui nous gouvernent? des outrages, des persécutions et la mort. Jettez les yeux sur ceux de vos anciens camarades que leurs blessures ou leurs maladies appellaient à jouir des récompenses promises à leur dévouement; vous en verrez le plus grand nombre disséminé dans les départemens, languir sans ouvrage dans le sein de leurs familles désolées, ou, privé de tout asyle, demander l'aumône pour conserver un reste d'existence, et tomber ensuite sous les poignards des royalistes, à la fureur desquels on les livre. Si vous portez vos regards sur ceux de Paris, le Directoire prend soin lui-même de leur préparer une mort prématurée, et de les proscrire. Il existe une maison dans le département de Seine et Oise, Saint-Cyr, reconnue mal-saine par les marais qui l'environnent, et par le grand nombre de militaires que la mort y enlevait naguères. C'est dans ce charnier qu'on va les transporter en grand nombre, et ceux qui ont fait les guerres de la révolution obtiennent sur leurs camarades de l'ancien régime la triste préférence, qui atteste sa haine et son dessein formé depuis long-tems d'exterminer par toutes sortes de moyens les fondateurs de la République.

Il fait afficher dans Paris que les électeurs du département de la Seine ont conspiré en nommant député au Conseil des cinq cents un invalide couvert d'honorables blessures; il proscrit la députation entière pour vous ôter un appui qui, n'ayant jamais été que simple volontaire à l'armée, aurait senti et réclamé trop vivement contre les injustices dont vous avez à vous plaindre, et contre celles qu'on aurait tenté de commettre à l'avenir. Il fallait d'ailleurs le rejetter pour déshonorer l'armée, en affectant pour elle le mépris le plus insultant, par le renvoi du premier député pris dans la classe nombreuse des simples défenseurs de la patrie. Un autre invalide, pareillement mutilé, réunit la grande majorité des suffrages pour être administrateur municipal au dixième arrondissement; il obtient 1,052 voix : on l'appelle à la municipalité pour y être décoré de l'écharpe tricolore, et au moment même où on devait procéder à son installation et à celle de ses collègues, le Directoire ordonne qu'elle soit suspendue, et insulte ainsi de nouveau à l'armée et au peuple ; il s'efforce de les aigrir réciproquement par des insinuations perfides, pour régner en despote au milieu de la division qu'il provoque, qu'il commande et fait naître lui-même. Citoyens Législateurs, vous êtes témoins de ces menaces, de toutes ces injustices, et vous vous taisez!..... Vous souffrez qu'un Directoire conspirateur outrage avec tant d'audace la nation que vous représentez! ..... Quoi ! les gardes dans les compagnies de vétérans à la maison Nationale sont confiés à des royalistes, à des émigrés, à des vendéens, à des prêtres, à des voleurs, en un mot, aux ennemis de la République, et aucune réclamation ne s'élève dans votre enceinte! vous célébrez le 14 Juillet, le 10 Août, le 16 Vendémiaire, le 18 Fructidor, et tous ceux qui ont pris part à ces journées mémorables sont proscrits, on ne les souffre ni dans les emplois civils, ni dans les grades militaires, c'est pour eux un crime irrémissible d'y avoir participé ; l'opprobre, la misère, les vexations, voilà leurs récompenses, tandis que ceux qui les provoquèrent par leurs crimes, qui y participèrent par leurs discours, les secondèrent par leurs vœux et leur approbation, ou les soutinrent par les armes, sont fêtés et caressés, nagent dans l'abondance, jouissent paisiblement du fruit des travaux, des fatigues, du prix du sang des vengeurs du peuple, outragé et trahi. Cumulation de deux, trois ou quatre places lucratives, exemption d'impôts, logemens gratuits, secours, préférences insultantes dans les audiences et les fêtes publiques, dans le palais de nos cinq Rois, de leurs Ministres, et dans l'antichambre des Députés qu'ils ont achetés; privilèges, faveurs, graces, impunités, nos Directeurs ne refusent rien aux fauteurs du despotisme, parce qu'ils sont vils et rampans.

Quelquefois cependant ils les menacent de la fureur du peuple, qu'ils caressent alors d'un regard et qu'ils flattent un instant, une heure ou une journée au plus, pour le faire servir au léger châtiment qu'ils veulent infliger à ces enfans chéris de la royauté et de la corruption : instrumens aveugles dont ils brisent ensuite avec fracas les ressorts les plus actifs!.... Mais ses yeux commencent à se désiller; ils s'ouvrent à l'éclat si frappant de tant d'abominations : il vient dans la dernière fête de cracher sur leur voiture; bientôt il leur crachera au visage, comme les Israëlites le firent autrefois à Jésus-Christ. Les puissans, les concussionnaires et les fourbes d'alors le firent crucifier en l'accusant faussement d'anarchie et de prétention à la royauté ; ceux de nos jours rangent aussi dans la classe des royalistes et des anarchistes tout ce qui ne leur ressemble pas, pour les faire périr de même par le dernier supplice, que la trop lente colère des Français leur réserve à eux-mêmes, s'ils ne se hâtent de rentrer dans la constitution, et de devenir justes.

Mais quelle justice pouvons-nous attendre du Directoire et de ses affidés au Corps législatif, de ces cruels, de ces cannibales ? O sentiment ! ô pitié ! ô douce vie de l'ame ! leurs cœurs de bronze n'éprouvèrent jamais tes divines émotions ! Si nous les suivons dans leur carrière conventionnelle, nous les voyons auteurs ou complices des plus horribles forfaits ; ils n'élevèrent jamais leurs voix en faveur de l'humanité outragée : ils feignent quelquefois d'en prendre la défense ; ce n'est qu'un prétexte pour couvrir le dessein qu'ils ont formé de changer de victimes : leur naturel reste ; ils sont toujours avides de sang, proscripteurs et bourreaux impitoyables. Le peuple les avait envoyés pour élever sur les ruines encore fumantes du trône l'édifice de son bonheur ; il l'attendait d'une constitution sagement basée sur la liberté ; l'égalité ; la propriété, la sûreté et la justice, fondemens inébranlables de tout pacte social, présenté au genre humain par la raison immuable et éternelle. Le premier objet de leur mission est remplie : Louis expire. Nous espérions qu'ils n'auraient pas été moins fidéles à leur second mandat : hélas! l'orgueil, l'ambition, la soif de régner lancèrent parmi eux la pomme fatale de discorde ; ils se divisèrent, et il naquit deux partis, qui ont attiré et fait pleuvoir sur nous le déluge de maux qui nous accablent. La Gironde régna d'abord : elle créa des comités de surveillance, fit incarcérer plusieurs citoyens comme suspects, et arrêter Marat ; elle prit ainsi la funeste initiative de la violation des principes conservateurs qui garantissaient l'inviolabilité à chaque représentant du peuple, et à chaque citoyen la libre manifestation de sa pensée. Ces digues, qui avaient retenu les passions comme prisonnières et enchaînées dans le sein de la convention, une fois brisées, elles se répandirent avec fureur sur tous les points de la République, et y portèrent la destruction, le ravage et la désolation. Marat, mis en jugement, fut acquitté et porté en triomphe par ses partians, au milieu de ses collègues.

Cet événement fut le précurseur de l'orage politique qui éclata le 31 Mai ; il fit pressentir cette journée mémorable, qui pouvait devenir une des plus belles de la révolution, si le peuple qui la voulut, et qui ne montra jamais un front plus calme, plus majestueux et plus respectable, n'en avait abandonné les résultats à de faux amis de la liberté, qui s'en emparèrent et ne virent en elle qu'un moyen d'élever leur fortune et d'établir leur domination. Ses motifs, toujours purs, toujours louables, toujours conformes à ses intérêts, étaient d'obtenir une constitution républicaine : on lui présente celle de 93 ; il l'accepte avec enthousiasme, parce qu'il y trouve l'expression de tous les sentimens généreux et les préceptes de la plus sublime morale de l'évangile, pour règle de ses destinées. Que de douces émotions excitèrent en lui les articles où il est dit que le bonheur commun est le but de la société ; de ne pas faire à autrui ce que nous ne voudrions pas qui nous fut fait ; que la société doit la subsistance aux citoyens malheureux, soit en leur procurant du travail, soit en assurant les moyens d'exister à ceux qui sont hors d'état de travailler ; que les délits des mandataires du peuple et de ses agens ne doivent jamais être impunis ; que le Corps législatif pourrait admettre à l'exercice des droits de citoyen les étrangers qu'il aurait jugés avoir bien mérité de l'humanité, ceux qui auraient adopté des enfans ou nourri des vieillards, etc. ; que le peuple français donne asyle aux étrangers, bannis de leur patrie pour la cause de la liberté ; qu'il refuse asyle aux tyrans ; qu'il ne fait point la paix avec un ennemi qui occupe son territoire ; qu'il garantit à chaque citoyen l'égalité, la liberté, la sûreté, la propriété, la dette publique, le libre exercice des cultes, une instruction commune, des secours publics, la liberté indéfinie de la presse, etc. ; qu'il honore la loyauté, le courage, la vieillesse, la piété filiale, le malheur. Quatre millions neuf cent mille Français reçurent cette constitution au milieu des plus vifs applaudissemens et des cris de *vive la République* ! Un sentiment aussi général n'offre rien qui doive surprendre ; elle promettait le bonheur à tous, et semblait le leur assurer : combien nous fûmes déçus ! La Montagne triompha par son secours : nouvel Hercule, cet enfant de quelques jours étouffa dans son berceau les vieux serpens du royalisme, qui menaçaient de piquer la République au cœur ; et par les prodiges qu'il inspira la fit sortir victorieuse de la lutte la plus étonnante qui ait illustré les fastes de l'histoire.

A quel degré de gloire et de vénération cette constitution n'eût-elle pas porté le nom français, si ses auteurs ne s'étaient empressés de la condamner à un oubli éternel ! Semblable à l'Etna, la Montagne recélait dans son sein un volcan furieux qui éclata bientôt, et vomit avec fracas sa lave et ses feux destructeurs sur tous les points de la République : il faudrait la plume de Tacite ou l'éloquence de Rousseau, pour peindre avec des couleurs assez fortes le ravage de cette première explosion, et celui de ses éruptions subséquentes et périodiques. Le dix-neuvième jour du premier mois de l'an II de la République, un bruit sourd, un murmure profond, précurseurs de ce fléau redoutable, se firent entendre dans le sein de la convention, et le gouvernement révolutionnaire fut proclamé du haut de la tribune nationale : le souffre et le bitume des passions les plus violentes avaient déjà fermenté; ils s'étaient embrâsés, et avaient consumé dans son sein les Vergnaud, les Guadet, l'honneur du barreau, les Condorcet, la gloire des sciences, et les infortunés émules de leurs talens et de leur courage.

Merlin le Directeur fut un des principaux tisons qui alimentèrent ces flâmes dévorantes; il fit rendre la loi contre les suspects, cette loi fameuse du 21 Septembre; il mérita d'être l'organe de celle du 22 Floréal ; la plus barbare des lois qui ayent paru depuis l'origine des sociétés, et prit ainsi le premier rang parmi les législateurs draconiens qui ont paru sur la scène du monde. Plusieurs des proconsuls qui, du caractère du volcan s'étaient déjà élancés, ou qui s'élancèrent depuis dans les départemens et les armées ; les André-Dumont, Barras, Rewbel, Merlin (de Thionville), Legendre, Tallien, Fréron, Carrier, Joseph-Lebon (1), etc., semèrent par-tout

---

(1) Ces deux derniers sont morts pauvres. Il est constant que, lors de l'arrestation de Joseph-Lebon, on ne lui a trouvé pour toute fortune que 25 francs en assignats; qu'il a laissé sa femme et sa fille dans la plus affreuse misère. Cruel fanatisme ! soi religieux ou politique, tu rends les hommes au moins méchans de bonne foi.

sur leurs pas, avec ces deux merlinades et les mises hors la loi, les réquisitions injustes; les rapines à leur profit, l'incendie, les ruines; le pillage, les trahisons, les proscriptions, l'incarcération, les noyades, les fusillades, le supplice de la guillotine et celui de la mitraille; ils outragèrent le peuple jusques dans les objets de son culte, par des profanations gratuites et les plus extravagantes. Ils pouvaient dépouiller ses temples et les convertir en magasins, en ateliers ou manufactures, sans y autoriser ou y commettre eux-mêmes les excès de l'immoralité la plus profonde, de la dépravation la plus audacieuse. Etait-ce ainsi qu'ils prétendaient éclairer sa raison? voulaient-ils diriger son culte vers un dieu indulgent, bon et juste, auteur de toute perfection et de toute vertu, et lui faire oublier celui que des prêtres barbares, méchans, orgueilleux, intéressés, jaloux, vindicatifs, réfractaires aux lois de leur pays ont modelé à leur ressemblance?

Un autre soin les occupait : celui de la domination. Lorsqu'ils nous enlevaient nos fils pour la cimenter de leur sang; lorsque ceux qui devaient survivre à tant de leurs camarades, forcés par leurs blessures de quitter leurs drapeaux, étaient destinés par eux et leurs complices à l'infamie, à la mendicité, à traîner leurs corps mutilés de grange en grange, d'écurie en écurie, de prison en prison ; lorsqu'ils nous ravissaient nos femmes, nos filles, nos amis par la misère, les supplices ; lorsqu'ils s'emparaient de nos biens, qu'ils s'enrichissaient de nos dépouilles, qu'ils osent étaler aujourd'hui avec tant de faste et d'orgueil ; lorsqu'ils nous forçaient à faire contre eux des vœux, qui se sont trouvés impuissans à cause de nos divisions qu'ils fomentaient habilement, n'ont-ils pas voulu nous enlever jusqu'à l'espoir d'un meilleur sort dans l'autre monde ? Que ne nous laissaient-ils du moins jouir en paix de cette dernière consolation des malheureux, puisqu'ils répandaient sur nous le malheur à pleines mains dans celui-ci ? On me dira peut-être : vous reprochez avec justice ces trahisons, ces crimes, ces cruautés aux Rewbel, aux Barras, Tallien, Fréron, etc, envoyés en mission dans les départemens et aux armées avec des pouvoirs illimités ; mais leurs collègues, restés dans le sein de la convention, les Merlin, les Treilhard, Directeurs, les Carnot, les Syeyès et tous les autres n'en étaient pas coupables.

Vous avez donc oublié qu'ils applaudirent tous à toutes les atrocités ; qu'ils les consacrèrent par des mentions honorables dans leurs bulletins, ou les provoquèrent par des décrêts ; qu'ils envoyèrent à l'échafaud Camille et Philippeaux pour avoir voulu modérer leur fureur dévoratrice ; qu'ils menacèrent Pache et la Commune du même sort, pour avoir tenté de préserver dans des communications amicales les membres des comités révolutionnaires d'une déférence aveugle à la loi Merlin contre les suspects, et les prémunir contre les arrestations arbitraires, que la religion surprise, ou plutôt le despotisme des comités de gouvernement et des autres députés meneurs, cachés derrière la toile, pourraient leur prescrire. Vouloir tempérer l'ardeur des comités révolutionnaires pour les arrestations, en diminuant l'effet des menaces, par lesquelles la convention l'avait excitée, quel crime irrémissible! cet acte lui fut présenté comme un attentat. Ce fut là le motif qui lui fit défendre par un décrêt à la Commune de s'immiscer dorénavant en aucune manière dans les attributions des comités révolutionnaires, qui reçurent l'ordre de ne plus correspondre qu'avec le comité de sûreté-générale. Qu'on se

reporte

reporte à cette époque, et l'on verra que c'est de ce jour que datent leurs arrestations les plus nombreuses. Justement allarmés sur leur propre sort, ils se livrèrent aveuglément à l'impulsion de la convention et de ses comités : patriotes, royalistes, rien ne fut épargné ; ils étaient tous précipités pêle-mêle dans les cachots ; les maisons nationales si nombreuses à Paris purent à peine les contenir, et la France ne présenta presque par-tout qu'une vaste prison.

Que j'abhore ces conventionels exécrables, qui égarent les poignards de la vengeance sur la tête de ces agens forcés de l'exécution de leurs ordres barbares ! en vain voudrais-je détourner mes regards de ces exécutions en masse, ordonnées par leurs décrets, concertées ou exécutés par eux, l'indignation m'y ramène pour le couvrir d'une éternelle flétrissure : j'en appelle à votre humanité et à votre justice, citoyens intègres, de quelque partie que vous soyez : les flots de sang qui ont été répandu à Lyon, à Marseille, dans la Vendée, à Arras, à Paris, de l'est à l'ouest, et du Nord au Midi de notre infortunée patrie, ont-ils coulé et coulent-ils encore par une autre tolérance, sous une protection, ou par d'autres lois que celles émanées de ces conventionnels cannibales ? n'est-ce point par eux que les aristocrates en masse ont été mis hors la loi ; que des communes entières ont été réduites en cendre ; que la Vendée et les départemens de l'ouest on été condamnés à être totalement détruits par le fer et le feu ; que des milliers de Français ont péri sur l'échafaud, sans distinction d'âge ni de sexe ; qu'on a confondu sur les mêmes charettes le républicain et le royaliste, l'aristocrate et le démocrate, l'athée et celui qui reconnais-un dieu, l'exagéré et le modéré ; le père pour le fils, l'innocent pour le coupable, celui qui réclamait l'organisation de la constitution de 93, et celui qui demandait la continuation du gouvernement révolutionnaire ; ceux qui criaient : *vivent les incarcérations, la guillotine et la Convention Nationale !* et ceux qui se taisaient ; tous ceux en un mot qui avaient eu le malheur de déplaire à quelques-uns de ces régulateurs féroces de nos destinées ? On m'objectera sans doute que ce sont-là les tristes résultats du règne de la terreur ; que tous ces crimes ont précédé le 9 Thermidor ; que Robespierre seule et ses complices en furent coupables.

Oui, sans doute, ces excès ont précédé le 9 Thermidor; mais les auteurs de cette journée funeste, les Merlin, les Barras, les Fréron, les Tallien, les Bourdon, les Rewbel, etc., etc. en avaient été les principaux moteurs; et s'ils frappèrent des criminels, ils avaient été leurs complices; que dis-je! ils ne les frappèrent que pour conjurer l'orage qui grondait sur leurs têtes : ils ne les attaquèrent que parce qu'ils étaient menacés eux-mêmes. Robespierre, Couthon, Lebas et St.-Just demandaient qu'on examinât la conduite de ces hommes qui s'étaient rendus coupables de dilapidations et d'atrocités révoltantes; leur conscience les accusait; ils prévinrent leurs dénonciateurs et les chargèrent de leurs propres forfaits. Mais l'habitude du mal était si puissante dans leur ame gangrenée, que ce jour où ils proclamèrent le règne de la Justice et de l'Humanité vit périr sur l'échafaud, comme des rebelles et par un décrêt de mise hors la loi, tous les membres de la Commune qui purent être saisis, soit qu'ils s'y fussent rendus en vertu de la loi du même jour, qui les rendait responsables des malheurs qui pourraient arriver dans Paris, soit qu'ils n'y eussent point paru; ceux qui avaient assisté à ses délibérations, et ceux que leurs fonctions particulières avaient empêché d'y prendre quelque part; les anciens membres et les nouveaux; même ceux qui, nommés récemment, n'avaient encore ni prêté serment, ni assisté aucune de ses séances. Ces conspirateurs habiles avaient fait fermer les portes de la maison du Luxembourg à Robespierre, prévoyant qu'ils le forceraient ainsi de se rendre à la Commune, qu'ils avaient réunie par un décrêt, et qu'ils pourraient frapper d'un seul coup, profondément combiné, Robespierre et ses collègues, la Commune, et tous ceux qu'ils croyaient capables d'opposer quelque obstacle au nouveau plan d'assassinats, dont ils avaient arrêté l'exécution. Ces prêtres de la mort rougissaient l'autel qu'ils avaient élevé à leur divinité sur la place de la Révolution, du sang d'un plus grand nombre de victimes que celui qui y avait été sacrifié jusqu'alors, et c'est au milieu de ces exécutions sanglantes que les fourbes se proclamaient justes et humains!

Quelle dérision, grand dieu! ils faisaient de Robespierre et des infortunés qu'ils avaient associés à son supplice les boucs émissaires de leurs iniquités passées, et ils en méditaient de nouvelles : ils venaient d'exercer sur la France les fureurs de Marius en proscrivant les Nobles, les Parlementaires, les Financiers, les Prêtres et les riches, sous les noms de royalistes et de fédéralistes ; ils allaient se livrer aux proscriptions de Sylla, et couvrir la République d'un nouveau déluge de sang, en livrant les Plebeïens aux poignards de leurs Sicaires, sous les noms de Robespierristes, de buveurs de sang et de terroristes ; et leur ardeur à détruire croissant avec la facilité qu'ils trouvaient à l'exercer, ils répandirent sur tout le peuple le fléau destructeur de la famine (1).

Je vous le demande, citoyens de bonne foi, quel bien nous a procuré le 9 Thermidor? avez-vous vu disparaître depuis cette époque, qui pouvait cicatriser toutes nos plaies si elle eût été amenée et exécutée par des hommes vertueux, un seul des maux sur lesquels vous gémissez ? Si les bastilles innombrables qui affligeaient vos regards et attris-

(1) Le Directeur Merlin en fut le principal auteur. Voyez la Mémoire de Réal dans la cause du citoyen Tord-la-Sonde, négociant à Bruxelle, qu'il défendit par-devant le tribunal criminel du département de la Dyle.

faient votre cœur se sont ouvertes pour en laisser sortir des milliers de citoyens injustement détenus, ne les avez-vous pas vues se refermer bientôt sur une multitude d'autres citoyens, aussi peu coupables, jusqu'au 13 Vendémiaire? et ces actes tardifs de justice, les devons-nous à la droiture des meneurs conventionnels qui les firent décréter, ou au soin pressant de leur propre conservation? Les circonstances qui accompagnèrent et suivirent ces décrêts ne laissent aucun doute que l'intérêt public n'entra pour rien dans leur émission. Si la faction qui ne fut étrangère à aucun des excès qui précédèrent le 9 Thermidor, et qui ternirent l'éclat des évènemens antérieurs, propres à illustrer la convention nationale; si cette faction qui régnait avec Robespierre, qui avait cru utile à ses vues de lui laisser l'honneur et les dangers du premier rôle, et qui venait d'en faire le bardot de tous ses crimes, ne l'avait précipité dans la nuit du tombeau que pour l'utilité commune; si elle avait eu horreur, comme elle le prétendait, du gouvernement révolutionnaire, elle l'aurait anéanti avec celui qu'elle accusait d'en être l'auteur ou le principal instigateur, et de l'avoir dirigé à son profit, quoiqu'il se fût fortement opposé à son établissement, et qu'il eût préparé un rapport pour en demander l'abolition ; si c'eût été par esprit de justice qu'elle eût rendu à la liberté les malheureuses victimes qui gémissaient dans les fers, qu'elle leur avait elle-même forgés, elle leur eût ouvert les portes de ses bastilles, et eût mis en activité au même instant la constitution de 93. Craignait-elle que les vices qu'elle renferme l'empêchassent de marcher ? elle pouvait les signaler aux assemblées primaires, auxquelles il lui eût été facile de faire adopter des corrections utiles, au milieu de l'enthousiasme que n'aurait pas manqué d'exciter la loyauté d'une conduite aussi désintéressée ; mais des hommes habitués à boire dans la coupe du pouvoir et de l'arbitraire, d'audacieux intrigans avides d'or et de jouissances, ne pouvaient déposer volontairement leur sceptre ensanglanté : féconds en ressources, et prêts à tout entreprendre pour le conserver, ils choisirent pour instrumens d'une nouvelle tyrannie, les citoyens qu'ils avaient entassés quelques jours auparavant dans les prisons, leurs amis, leurs proches et leurs enfans, les orphelins, les parens et les amis de ceux dont ils avaient naguère provoqué, ordonné et sanctionné l'égorgement ou le supplice : ils les appelèrent tous autour d'eux et les armèrent de poignards au nom de la vengeance; ils dirigèrent leurs coups contre tout ce qui pouvait porter obstacle à leurs projets ambitieux.

O détestable habitude du crime ! que tu te plais dans le cœur des méchans, quand l'audace et le pouvoir en ont banni la crainte des supplices ! Ils avaient excité ou exercé leurs premiers ravages aux cris de *vive la Convention ! vive la Montagne ! à bas les Royalistes ! à bas les Girondins et les Fédéralistes !* ils donnèrent pour signal de ralliement à leurs nouveaux séïdes ceux de *vive la Convention ! vivent Jésus et le Soleil ! à bas les Montagnards ! à bas les Jacobins et les Buveurs de sang* ! Rassemblés et organisés en bandes d'assassins à la voix de ces Législateurs atroces, qui ne rougissaient pas de les salarier, ils se répandirent sur tous les points de la République, massacrèrent et pillèrent à l'envi les républicains les plus probes, les plus énergiques, les plus sages et les plus éclairés : leurs coups s'égarèrent-ils quelquefois sur ces êtres vils et méprisables qui n'avaient affecté beaucoup d'attachement pour la liberté et ses principès, un grand respect pour les droits du peuple et un entier dévouement à ses intérêts, que pour surprendre sa confiance, envahir les places à sa nomination, et entourer ensuite par des vexations de tous genres le berceau de la démocratie et des démocrates de ressentimens sans nombre? ils manquèrent dans ce cas à leurs instructions, et privèrent leurs chefs d'utiles auxiliaires; mais ces erreurs furent peu nombreuses, parce qu'aussi prompts à quitter leur masque qu'ils avaient eu d'empressement à s'en couvrir, ces Prothées jetérent bien vîte leurs bonnets rouges, prirent les dernières couleurs de leurs maîtres, et se livrèrent, à la tête des nouveaux compagnons qui leur avaient été désignés, à toutes les horreurs de l'épouvantable réaction qui menaça la République d'une destruction prochaine, et prépara le peuple à subir le joug que ses nouveaux tyrans lui ont imposé. Les chefs, de leur coté, les Fréron, les Tallien, les Rovère, les Barras, les Merlin, etc. n'oubliaient rien dans Paris, pour accélérer ce triste résultat; ils se livraient à tous les excès qu'on devait attendre de leur dépravation : on les avait vus, assis à la Montagne, proscrire ceux de leurs collègues désignés par eux sous le nom de Girondins ; réunis ensuite aux restes de ce parti, ils vouèrent à la mort ou à l'exil ces mêmes montagnards qui les avaient vus si souvent à leurs côtés leur prodiguer les témoignages mensongers d'une amitié à toute épreuve.

Compulsez par la pensée les fastes de l'histoire, vous n'y trouverez rien qui puisse figurer à côté des horreurs qui précédèrent, suivirent et accompagnèrent les funestes journées de Germinal et Prairial. Que de conquérans féroces ravagent par le fer et le feu les peuples qui refusent de se soumettre à leurs armes victorieuses, ils ont pour eux une apparence de droit, celui de la conquête ; mais que des François, élevés à la plus sublime des fonctions par un peuple confiant, bon et humain, oubliant leur mission et leur caractère, se transforment en boureaux de ce même peuple ; qu'ils le trompent et l'égarent par de faux sermens ; qu'ils le mutilent par l'échafaud et les assassinats ; qu'ils livrent ses Représentans fidèles ; au mépris de leurs propres décrets, à des commissions militaires ; qu'ils discréditent le signe représentatif de ses besoins, en dilapidant et s'en appropriant le gage ; qu'ils avilissent ce peuple aux yeux des autres nations par la banqueroute ; qu'ils le livrent à la misère, à la famine, au désespoir ; qu'ils commandent le massacre jusques dans l'asyle des prisons ; qu'ils ordonnent tour-à-tour l'amour et la haîne de la Constitution de 93, sous peine de mort ; qu'ils convertissent ses défenseurs en instrumens passifs de leurs ordres arbitraires ; qu'ils ordonnent la défaite de ses armées ; qu'ils le divisent en deux classes, tour-à-tour opprimantes et opprimées, qu'ils lui interdisent la faculté de parler et d'écrire ; qu'ils étouffent ses plaintes et ses murmures; qu'ils lui fassent un crime du sentiment de ses maux, et qu'après l'avoir bâillonné, muselé, abattu, accablé, ils lui enlèvent ses droits, et s'en approprient l'exercice au nom de sa souveraineté ; qu'ils soumettent ensuite dérisoirement à sa libre sanction une Constitution qu'il ne leur avoit pas demandée ; qu'ils présentent à l'acceptation leurs décrêts d'exécrable mémoire des 5 et 13 Fructidor, et fassent canonner et fusiller ceux qui les rejettent, l'imagination se révolte, et ce tableau trop fidèle de la vérité ne se présente à l'homme sensible que comme une idée fantastique, qui ne peut avoir de réalité,

J'en appelle à votre témoignage, vieillards,

époux, femmes et enfans qui avez à regretter un fils, une épouse, un mari, un père et une mère, moissonnés avant le tems par la faux de la cruelle famine, le poignard des assassins, la hache de la guillotine, ou par un plomb meurtrier ; j'invoque votre témoignage, restes inanimés de tant de malheureux, entassés sans honneur dans les charniers innombrables, creusés par la main du plus détestable machiavélisme ; venez aussi ajouter votre voix à ce concert unanime qui s'élève contre nos oppresseurs, cadavres ambulans des rentiers, pensionnaires et créanciers de l'Etat ; qui n'avez prolongé votre triste existence qu'en enlevant aux égoûts quelques ordures que vous dévoriez en secret ; je le demande à tous les Français ; les couleurs de ce tableau sont-elles rembrunies par l'exagération, et ne marquent-elles pas au contraire d'une teinte trop légère la voie de sang qui les a conduits au fauteuil directorial ou sur leurs chaires curules.

Montesquieu avoit fixé les principes propres à chaque gouvernement ; il avoit assigné la vertu aux républiques, l'honneur aux momonarchies, et la volonté du maître au despotisme ; il étoit réservé à la faction qui nous domine d'en imaginer un nouveau, et elle fit des conspirations le principal ressort de de sa politique, c'est par leur secours qu'elle avoit substitué la Constitution de l'an 3 à celle de 93, que ses sermens répétés, fortifiés de quatre millions huit cent mille suffrages, proclamés avec la plus grande, la plus auguste et la plus touchante publicité, sembloient rendre inattaquable; c'est par leur moyen qu'elle étoit parvenue à subroger ses intérêts à ceux du peuple, ses passions à ses besoins, l'expression de sa volonté à la libre manifestation de la sienne, et l'usurpation de ses pouvoirs à l'exercice qui lui en appartient; elle voulut marquer son passage de l'arbitraire qu'elle avoit créé à son profit et exercé jusqu'alors au nom du gouvernement révolutionnaire, à celui qu'elle venoit d'organiser sous le titre plus séduisant de Constitution de l'an 3 par une nouvelle conspiration. En conséquence, elle tira de ses cachots un nombre suffisant de victimes qu'elle y avoit entassées depuis la réaction; elle les fit chasser des Assemblées Primaires par ses affidés, et proscrire comme terroristes, avec une infinité d'autres citoyens auxquels on avoit prodigué cette imputation banale : soufflant ensuite l'esprit de vertige parmi les sectionnaires, elle les poussa à l'insurrection contre ses propres décrêts, et les fit massacrer par les troupes qu'elle tenoit toutes prêtes ; celles-ci, se voyant environnées de ces mêmes terroristes qu'elle avoit appelés à son secours, se crurent au milieu du peuple et en firent un carnage horrible. Rassurée par cette victoire, qui fut un crime nouveau pour elle, et par les divisions qu'elle enracinoit de plus en plus parmi les citoyens, la faction s'empressa d'en partager les fruits. On voyoit briller dans les yeux de ses chefs la joie féroce de ce triste succès, leurs bouches dégoûtoient encore du sang dont ils s'étaient abreuvés ; ils s'applaudissaient de la nouvelle terreur qu'ils avoient inspirée ; ils comptoient avec délices les victimes dont leur digne et complaisante auxiliaire, la cruelle mort, venoit de leur former une barrière formidable : libres de tous remords, ils se plaisaient à rappeller les crimes par lesquelles ils s'étaient signalés, comme autant de titres à la confiance de leurs collègues, qui ne pouvaient trouver de meilleure garantie à leur impunité, que de confier aux plus pervers le pouvoir dont ils allaient être les dispensateurs. Il forment des comités secrets des réunions particulières ; là, ils passent en revue les crimes de chacun d'eux ; ils en calculent l'énormité, pour couvrir de la pourpre directoriale ceux qu'ils jugeront l'emporter dans cette espèce de concours d'immoralité, de dépravation profonde de cruuaté, et de scélératesse. Elle flétrira à jamais votre mémoire dans la postérité la préférence honteuse qui vous fut accordée, Barras, Rewbel, et celle qui vous associa depuis à eux, la Réveillère, Merlin et Treillard. Elle rappellera à nos neveux que Barras fit tomber des milliers de Français sous une mitraille meurtrière à Toulon et à Paris, que Rewbel s'enrichit en livrant Mayence ; que Merlin fit la loi contre les suspects, et mérita par-là d'être proclamé l'un des coriphés du gouvernement révolutionnaire ; que Treilhard fut le panégyriste du sanguinaire Marat dans la Section Chalier, maintenant dite des Termes, avant d'en être le détracteur ; qu'ils concoururent tous quatre aux loix de sang qui ont ravagé la France avant et depuis le 9 Thermidor, que tous quatre se firent un honneur de porter le bonnet rouge, et qu'ils voulurent depuis faire oublier leurs propres fureurs, en vouant à la mort ceux qui n'avaient été que les simples exécuteurs de leurs actes tyranniques et sanguinaires : elle rappellera leurs nombreux parjures, et la part active qu'ils ont eue aux conspirations successives qui ont signalé ces tems malheureux, pendant lesquels ils ont rempli des fonctions conventionnelles, législatives ou directoriales : elle rappellera aussi la fureur avec laquelle la Réveillère exerça ses vengeances, après avoir fait serment d'oublier les persécutions qu'il avait essuyées, ses autres parjures dans le sein de la Convention, et la part active qu'il a prise, comme conventionnel et comme directeur, aux conspirations qui ont été fabriquées depuis sa rentrée dans le sein de la Convention Nationale.

Journalistes stipendiés, mouchards, plats valets qui léchez tous les jours les marches du trône du Luxembourg, ou qui mendiez bassement la faveur d'un regard de vos nouveaux maîtres, applaudissez-vous ; que vos cœurs nagent dans la joie : je viens vous offrir une belle occasion d'étaler vos sentimens affectueux, de faire éclater votre zèle, de gagner quelques francs ou quelques centimes. J'ai osé parler des directeurs sans les flagorner : ma plume a présenté un seul trait de leur physionomie.

physionomie politique, et ils font horreur. Tourbe avilie, tourbe mercénaire, dont l'infame habitude fut toujours de flatter le pouvoir, prépare-lui tes louanges mensongères; brûle devant ton idole un encens impur; réserve-moi tout ton venin, je le réclame comme un titre à l'estime des bons Français; répands par-tout, vas criant dans les cafés et les carrefours, sur les places publiques et jusques sur les toits, que je suis payé par Pitt, que je conspire, que je provoque le renversement de la République et le rétablissement de la royauté, en cherchant à avilir le directoire; mais je réponds, est-ce du directoire dont je viens de parler ou des directeurs? est-ce ce que je viens d'écrire qui peut les avilir, ou les actes que je leur reproche? et si leur conduite attire sur leur tête le mépris universel, puis-je être accusé de les avilir? moi, avilir ces hommes-là!.... Qu'on y réfléchisse, et on concevra aisément le ridicule d'une pareille entreprise; autant vaudrait que je tentasse d'avilir la boue: pense-t-on que leur luxe, que leur faste, que leurs gardes, puissent en imposer à qui n'attend ni ne veut rien d'eux? l'or dont le crime se pare pour fasciner nos yeux et nous tromper rend-il moins coupable le criminel qui cherche à en imposer par un vain éclat? un tas de fumier en serait-il plus précieux parce qu'on le couvrirait d'un morceau d'écarlate richement brodé? non sans doute, et ce manteau lui-même perdrait de son prix par l'infection dont ses miasmes putrides l'auraient pénétré. Arrachons d'une main hardie leurs manteaux à ces directeurs et à leurs complices au corps législatif, qui ne voyent dans leurs fonctions que les moyens de s'enrichir et de se procurer toutes les jouissances du pouvoir ou du sybarisme, que restera-t-il? du fumier. Nombreux partisans d'un pouvoir despotique, sicaires intéressés de nos tyrans barbares, voilà un nouveau trait irrécusable de mon profond mépris pour ce que vous appelez la première autorité de la république, en confondant toujours dans votre langage machiavélique les hommes et les choses; accumulez sur moi les nuages de la mort; que vos dieux fassent gronder leur tonnerre et me lancent leurs foudres, je ris de votre méchanceté et je brave la leur. O malheur! ô extrême misère, dans laquelle je languis avec ma fille et mon épouse! pointes déchirantes du désespoir, vous vous émoussez!

que dis-je ! vous êtes un bien pour moi, puisque vous rendez impuissante la rage de mes bourreaux ; ils ne peuvent plus m'ôter que la vie. Hélas ! s'ils eussent été moins sourds à mes vœux ; si, lorsque je leur ai demandé le remboursement d'une partie de mes créances ou le paiement de mes rentes, ils m'avoient du moins accordé le dernier objet de ma pétition, déjà ils nous auraient ceints des mêmes chaînes, moi, ma femme et mon enfant ; ils nous auraient cloués dans les mêmes cachots, jetés dans le même tombeau, et délivrés en même tems de l'horreur de les voir dans une prospérité qui accuse le ciel au milieu de la misère commune.

Cette détresse générale à qui la devons-nous ? par qui a-t-elle été amenée ? quelles sont les mains qui ont fermé les canaux de la prospérité publique, et brisé les digues de cette mer de dépravation, qui menace d'engloutir tout ce qui est resté fidèle aux principes immuables de la raison primitive, de l'humanité et de la justice ? les anciennes tables de proscriptions, qu'elles tiennent avec le volume encore incomplet de celles qu'ils méditent, l'or et le sang dont elles sont pleines permettent-ils de les méconnaître ? ce sont celles de cette faction perverse de conventionnels que j'ai signalée, de ces directeurs inhumains, barbares, féroces, qu'ils ont mis à leur tête pour consommer la ruine de leur patrie qui les réprouve, et qu'ils dèshonnorent. Ces harpies politiques ont souillé la plus sublime des révolutions; ils ont corrompu les plus sainte institutions, rendu odieux le gouvernement le plus parfait : ou, si la République est profanée par les blasphêmes de la multitude; s'il est devenu problématique pour les hommes éclairés qu'elle puisse faire le bonheur d'un grand peuple; si les cœurs les plus brûlans du saint amour de l'égalité se trouvent froids et apathiques pour son existence, et sans intérêt pour sa durée, c'est leur ouvrage; on ne doit l'imputer qu'à eux : c'est à leur conduite machiavélique, à leurs actes iniques, à leur soif inextinguible des richesses, à leur excessive ambition, et à leur immoralité profonde qu'il faut s'en prendre : fidèles au plan de la démoralisation qu'ils se sont fait, ils ont tout bouleversé, tout dégradé, tout corrompu : l'aspect des hommes vertueux les fait trembler, leur existence les importune; elle pése comme un remords sur leur conscience pervertie : la présence d'un homme de bien les couvrirait de confusion ; ils l'écartent comme un ennemi redoutable : la crainte dont ils sont sans cesse tourmentés le leur montre semblable à un dieu vengeur qui leur reproche d'avoir transformé la vérité en imposture, l'humanité en cruauté, la franchise en hypocrisie, le désintéressement en avidité, la droiture en tortuosité, l'intégrité en friponnerie, la reconnoissance en ingratitude, le bien en mal, les vœux les plus purs en cris de sédition, ce qui est juste en injustice, l'appel aux principes en provocations à la révolte, l'honnête en scandale, la pitié en égoïsme.

O délicieux sentiment ! don presque exclusif de l'infortune ! tendre et bienfaisante compassion ! les douces et précieuses larmes que tu fais répandre, et que la bonne nature donne aux hommes pour adoucir leurs malheurs. ne touchèrent jamais l'ame de glace de ces tigres ; ils les méprisent, ils les tournent en dérision : se plairaient-ils à les faire répandre, s'ils pouvaient en être émus ! Ces vautours qui dévorent sans cesse les entrailles du peuple, sont étrangers à tout sentiment louable : leurs cœurs de bronze ne pouvant être ramollis qu'au feu de la vengeance de ce peuple trop patient, ils le divisent, le vexent, le mutilent, et l'écrasent pour l'affaiblir et rendre ses efforts impuissans : le supplice qu'ils ont souvent mérité est sans cesse présent à leurs yeux ; c'est leur tourment de tous les jours, de toutes les heures, de toutes les minutes : cette crainte qui les agite, les trouble et les punit sans cesse des maux qu'ils ont faits, les pousse à en imaginer de nouveaux, pour éviter la peine de ceux qu'ils ont réalisés. Le malheureux sort du Roi effraie et tourmente leur imagination ; elle leur offre sa tête récemment tombée par leurs ordres, toute dégoûtante de sang ; l'indignation est sur son front, la menace dans ses yeux, et sa bouche articule ces paroles redoutables : « Hommes sanguinaires, avides, fourbes et » ambitieux, qui avez ménagé ma chûte et » ordonné ma mort, pour vous emparer des » dépouilles du trône et vous les partager ; » vous, dont l'insatiable avarice ne trouve » dans ses trésors mal-acquis qu'un nouveau » desir d'en acquérir encore ; vous qui dé» pouillez les rentiers, les pensionnaires et » créanciers de l'état, et pressurez tous les » citoyens pour assouvir votre funeste passion » des richesses ; vous qui, nés parmi le peu-

» ple, n'avez fait usage des marques de sa
» confiance que pour l'appauvrir, l'affamer
» et le massacrer ; vous, dont la carrière po-
» litique fut marquée par mille parjures ; vous,
» qui ne vous êtes élevés au suprême pouvoir
» qu'en rampant et à force de bassesses ; vous,
» qui étalez un luxe de sultan aux yeux de
» trente millions d'individus, appauvris ou
» ruinés par vos friponneries et vos dilapi-
» dations, et celles de vos flatteurs, de vos
» parens, de vos amis, du petit nombre de
» vos partisans et des exécuteurs intéressés de
» vos ordres ; vous qui avez tous les vices
» sans aucune vertu ; vous qui ne savez gou-
» verner que par les conspirations, les pros-
» criptions et les massacres qui en sont la
» suite ; vous qui avez répandu ou fait ré-
» pandre par les supplices ou les assassinats,
» par la guerre civile et la guerre étrangère,
» plus de sang français que nos prédécesseurs
» réunis n'en firent verser dans leurs guerres
» ambitieuses ou de religion ; vous qui, de
» la corruption que vous avez répandue sur
» toute l'étendue du territoire français et jus-
» ques chez vos voisins, auxquels votre génie
» infernal n'a su porter que le malheur au
» lieu de la liberté et du bonheur que vous

» leur promettiez, deviez en être un foyer
» dans le sein de vos mères ; vous, dont l'ex-
» trême dépravation ne peut être que faible-
» ment représentée que par la réunion de tout
» ce que la nature présente de plus infect,
» les miasmes putrides qui engendrent la peste,
» la fange des marais desséchés par l'ardeur
» du soleil, les excrémens des fosses d'ai-
» sances, les immondices des égoûts, et les
» restes puans des animaux mal-sains entas-
» sés dans les voieries : comparez votre ori-
» gine à la mienne, votre état au moment de
» la révolution, à l'éclat qui m'environnait,
» les difficultés que j'ai trouvées pour opérer
» le bien à la facilité que vous aviez à le faire,
» mes efforts pour le bonheur du peuple à
» votre froide apathie pour ses insérêts, mes
» fautes et mes crimes, ou plutôt les fautes
» et les crimes commis en mon nom, et qui
» ne l'ont été que par les insinuations per-
» fides de vous ou de vos pareils, enfin, ceux
» dont vous vous êtes couverts par la noir-
» ceur de vos ames : tremblez, la mesure de
» vos attentats est comblée ; jugez-vous vous-
» mêmes, et prononcez sur le châtiment que
» vous méritez et qui vous attend : la main
» lente, mais sûre de la justice, vous réserve

» une mort infâme, et vous prépare une » mort odieuse ».

Sentinelles méprisables et méprisées des Ogres du Luxembourg; échos impurs, qui répétez avec fracas les cris de destruction qui partent de cette odieuse enceinte; oiseau de mauvaise augure, dont les sinistres croassemens annoncent et présagent le deuil, emparez-vous de ces lignes : détournez sur ma tête obscure la mort que j'ose appeler avec éclat sur les têtes coupables des auteurs de mes maux et de ceux de mes innombrables compagnons d'infortune. Que le désespoir les porte à se suicider; qu'ils se délivrent du fardeau d'une vie insupportable, par le fer, l'eau ou le poison, ou qu'ils attendent que la faim, plus cruelle encore, les enlève : mes principes repoussent le suicide, et je veux essayer de rendre ma mort utile, en ajoutant l'odieux de l'effusion de mon sang et de celui de toute ma famille, à la haîne publique, qui entoure nos oppresseurs comme un vêtement.

J'ai travaillé près de vingt-cinq ans en Russie; j'y avais amassé plus de quatre-vingt mille livres, avec lesquelles je suis rentré en France à la voix de ces scélérats; ce que j'ai placé sur l'état, d'après la promesse, si souvent jurée de ces brigands, de garantir la dette publique, et une lettre de change qui complettait cette somme, mon unique avoir : tout m'a été enlevé par eux. J'en suis réduit à me présenter aux chefs de la bande, à leurs ministres, à leurs trésoriers, avec des petitions dont je ne recueille que du mépris. Ces gens-là sont plus durs que le marbre, plus froids que les glaces du nord ; ils vous regardent sans vous voir, vous écoutent sans vous entendre, et ne s'occupent des malheureux qu'ils font semblant de recevoir, que pour les renvoyer. Qu'il se présente un nouvel Appius ou un Verrès, ils foulent aux pieds de leurs chevaux les malheureux qui attendent, comme moi, leur tour d'audiance ; ils entrent, et leurs maîtres, leurs complices, les co-partageans de leurs voleries sont tout yeux, tout oreilles et tout cœur pour les recevoir. Odieuse préférence! tu manquais à l'horrible question morale que nous éprouvons dans ces palais dorés, où commande le vice insolent, richement couvert, où il insulte à notre misère, en étalant à nos yeux l'éclat de l'or qu'il nous a enlevé : ces cuistres de palais, ces plats avocats, ces marchands de paroles et de sermens se croient quelque chose parce qu'ils ont pris les habits et les palais des grands de l'ancien régime : voyez-les sous leurs panaches, leurs fraises, leurs manteaux et leurs brodequins, vous jugerez facilement que chaque Directeur se croit un Henri IV, et chaque ministre un Sully : peut-on retenir ses huées, lorsqu'on considère qu'ils n'ont pas tous ensèmble une seule vertu de ces grands hommes.

Mon mépris pour eux est si profond, mon aversion si grande et mon ressentiment si fort, que s'ils n'avaient qu'une seule tête, malgré mon invincible répugnance à répandre du sang, je vainquerais mon caractère et les frapperais : mon ame repousse ce vœu quelqu'utile que pût en être l'accomplissement à ma triste patrie, et je l'effacerais s'il n'était une ame de plus que j'offre à leur férocité pour me frapper ; je n'espère, je ne puis plus trouver ni repos ni bonheur que dans la solitude du tombeau ; je ne forme d'autre vœu, je n'ai plus d'autre desir que de me voir réuni à tant de généreux martyrs de la liberté, à ces déplorables victimes de leur dévouement à la cause sainte de l'égalité, qui appelèrent par leurs efforts, leurs écrits et leur désintéressement le bonheur de tous, fondé sur de bonnes lois, une morale pure, sur la paix et l'union entre tous les citoyens. Je ne regretterais point mes pertes, j'oublierais mes malheurs et ceux de ma famille, si je pouvais espérer de voir se lever un jour sur le pays qui m'a vu naître, sur la France républicaine, l'aurore de la félicité publique ; mais hélas! tout espoir de prospérité générale et individuelle m'abandonne ; la tendresse conjugale, l'amour filial, eux-mêmes, qui m'attachaient autrefois à la vie ; ces liens, étreignent mon ame des peines les plus cuisantes ; le souvenir de leur bonheur passé nourrit dans mon cœur le feu sombre du désespoir ; mon état et ma fortune, tout est perdu ; je ne puis rien pour vous ni pour moi ; je suis condamné à vous voir languir et vous dessécher dans le besoin et l'abandon, épouse et fille chéries ! je croyais vous avoir assuré une existence honnête du produit de mes longs travaux ; des voleurs, des conventionnels nous ont tout ravi !... Réduits à vivre sous un toît étranger, dans l'étroit asyle que nous tenons de la bienfaisance d'un Citoyen vertueux (1), nous allons ramasser tous les jours dans la forêt de Villers-Cotterêt le bois pour ce qui doit nous réchauffer et nous éclairer : coif-

(1) Le citoyen Papillon, marchand mercier.

fures, vêtemens et chaussures, nous faisons tout nous-mêmes ; nous soutenons notre pénible et douloureuse existence du produit d'un travail ingrat : s'il suffisait du moins à nous procurer le pain qui nous est nécessaire, et qui ne reçoit d'autre assaisonnement que l'amertume de nos larmes! mais cette triste ressource nous est refusée. Ils ont clos les débouchés de toute industrie par leurs dilapidations, leur avarice, leurs proscriptions et leurs banqueroutes: ces puissans de nouvelle date, que le récit de nos maux réjouit, qu'ils savourent d'avance le peu de sang qu'ils nous ont laissé! nous leur abandonnons.

O trompeuse espérance! toi, dont la main bienfaisante répandit si souvent un beaume consolateur sur les plaies de mon ame, tu en est banni pour toujours! mon cœur flétri se ferme désormais à toutes tes illusions!..... Lorsque je vis les conventionnels renoncer à leur gouvernement révolutionnaire et organiser la constitution de l'an III, le souvenir de Sylla, renonçant tout-à-coup à la dictature et aux proscriptions qu'il avait exercées dans Rome, me fit espérer qu'ils chercheraient peut-être à faire oublier les maux dont ils avaient inondés la France, en s'occupant avec zèle d'y ramener l'abondance, la paix et le bonheur ; hélas ! que j'ai été cruellement déçu ! il ne me reste de ce fol espoir, que la honte d'avoir cru bonnement que des usurpateurs, qui retenaient le pouvoir par la violence, auraient voulu cesser d'être tyrans ; Sylla avait abdiqué la dictature, parce qu'il était las de proscrire : ceux-ci la retenaient pour ajouter à leurs anciennes proscriptions des proscriptions nouvelles, pour grossir la liste de leurs crimes de crimes nouveaux, et épuiser tout ce que l'imagination la plus profondément corrompue, la plus raffinée en scélératesse pouvait leur suggérer de plus odieux, de plus perfide et de plus atroce ; vous les vîtes, infortunés rentiers, créanciers et pensionnaires de l'Etat, orphelins, mères et veuves des défenseurs de la patrie, ouvriers et marchands, et vous tous que l'amour de la République avait attachés au signe représentatif qui avait servi à la fonder ; vous les vîtes retirer de vos mains les assignats que vous aviez reçus pour leur valeur nominale, retenir les propriétés qui leur servaient de gage, vous forcer à donner trente capitaux pour un d'un nouveau papier qui devait aussi être annullé par eux, et se préparer par cette banqueroute à toutes celles qui l'ont suivie.— Quelle était la destinée de ce nouveau papier, de ces mandats, enfans morts-nés de leur génie machiavélique ? ils devaient servir à acquitter en valeurs idéales les arrérages des rentes et pensions, les créanciers des émigrés, et les diverses dettes contractées par le gouvernement, sous la garantie de la loyauté française, à laquelle ils insultaient. Quelle loyauté, juste ciel! on vit ce même gouvernement jouer à la baisse sur les promesses de mandats, qu'il substitua aux mandats décrétés, et réduire à zéro cette valeur flétrie, dont l'objet réelle fut remplie en masquant une seconde banqueroute, et en fournissant aux banqueroutiers le moyen facile d'élever de nouvelles fortunes sur les progrès rapides de la ruine publique.

Quelle immoralité profonde! les Législateurs, les Directeurs et leurs Ministres recevaient leur traitement d'après le tableau de dépréciation, et ils prétendaient acquitter l'état en payant les particuliers en valeur nominale! Ils soumissionnèrent des propriétés nationales immenses, qu'ils acquittèrent en valeurs fictives, et ils recevaient des valeurs réelles : dépositaires infidèles des biens de l'Etat, ils retenaient le dépôt et donnaient en échange des chiffons, auxquels ils n'attachaient eux-mêmes aucun prix. Ils n'étaient pas cependant tellement occupés de leurs voleries actuelles, qu'ils ne trouvassent le moyen d'en préparer de nouvelles : on a dit du tems qu'il était gros de l'avenir ; on pourrait dire d'eux, avec autant de vérité, qu'ils sont gros de banqueroutes et de conspirations : leur horrible fécondité en ce genre étonne l'imagination. La seconde banqueroute était à peine consommée, la vérité n'avait peut-être pas encore entièrement déchiré les langes qui cachaient sa hideuse nudité, qu'ils accouchèrent d'une troisième ; que la loi du 9 Vendémiaire vint réduire les rentes et pensions à un tiers, et enlever le surplus, sous le nom magique de mobilisation de la dette publique, à un légitime possesseur ! O les plus infâmes parmi les infâmes ! vous avez préparé vous-même la coupe de l'ignominie, que vous avez bue jusqu'à la dernière goûte : votre constition condamne à l'opprobre et prive des droits politiques le simple banqueroutier ; quel rang méritez-vous dans la société, vous qui avez fait contre son vœu et en son nom trois banqueroutes frauduleuses, et qui en préparez peut-être une quatrième, qui naîtra sans

doute

doute lorsque vous aurez amené à terme sa digne jumelle, la prochaine conspiration que vous méditez ?

Les signes précurseurs de cette conspiration, les avant-coureurs de la tempête politique qui nous menace, et dont les nuages sombres et épais sont amoncelés au Luxembourg par le soin des Directeurs éclatent de toutes parts : on les a vus en Italie, en Suisse et en Hollande ; notre constitution y a été outragée, conspuée, avilie et détruite par les agens du Directoire, à main armée et au mépris du traité, sous les prétextes les plus ſaux, les plus vains et les plus frivoles : ils y ont exercé en son nom et sous son autorité toutes sortes de vexations, toute espèce de rapines, les brigandages les plus révoltans, les atrocités les plus criantes ; ils y ont insulté à la majesté des peuples dans la personne de leurs représentans ; ils les ont dépouillés, mutilés, trompés et ont terni par leurs actes diplomatiques l'éclat dont la valeur de nos armées avait environné le nom ſrançais ; ils ont déshonoré ce nom, que leurs bouches se préparaient à ne prononcer qu'avec respect, tendresse et reconnaissance ; ils ont rendu odieux la Nation la plus aimante du monde et la plus digne d'être aimé ; ils ont porté la rage et le désespoir dans des cœurs qui ne demandaient qu'à s'ouvrir aux doux épanchemens de la reconnaissance ; ils ont creusé le tombeau de tous les braves qui sont tombés sous les coups d'une aveugle vengeance. Peuples amis ! pourquoi frappez-vous dans le délire d'une haîne injuste l'instrument passif de vos malheurs ? la main qui les fit mouvoir, la volonté qui les ordonna ou l'insouciance qui les toléra sont seules coupables : si vous voulez haïr ; s'il faut un objet à votre juste exécration, portez-là toute entière sur la tête de nos Directeurs ; épargnez la Nation, elle vous plaint, elle est aussi malheureuse que vous ! elle gémit de même sous le joug de fer que des monstres lui ont imposé. Que n'ont-ils pas fait pour lui ravir sa liberté ! encore quelques instans, encore quelques actes arbitraires, et ils lui auront ravi jusqu'à la faculté de prononcer ce nom sévère qu'ils ont si souvent profané. Ils l'outrageaient en feignant de l'invoquer au mois de Floréal an IV, lorsqu'ils firent arrêter Drouet. sous prétexte d'un flagrant délit, dont la Haute-Cour fit justice ; ils conspiraient contre elle, et ils faisaient arrêter comme conspirateurs ses plus ardens amis ; ils firent traîner dans les cachots des hommes irréprochables, trop devoués aux intérêts du peuple qu'ils voulaient opprimer : leur seul crime était de lui avoir donné l'éveille sur les atteintes qu'ils portaient à ses droits. Drouet n'était coupable que d'avoir préparé un discours sur la clôture arbitraire des réunions politiques ordonnées par le Directoire. Qui l'eut jamais cru que, dans une République naissante, ou eut poursuivi comme criminel un simple projet de s'opposer à l'infraction des lois ; que le caractère auguste du Législateur n'aurait pu garantir son auteur de la proscription, et que le Directoire qui l'exerçait, aurait trouvé dans ses collègues des complices de cet acte destructeur de la dignité du Corps-Législatif ! Il avait déjà fait l'effet de son ascendant sur cette autorité, en lui faisant sanctionner les premiers coups qu'il avait porté à la constitution : la loi draconienne du 27 Germinal fut à peine rendue, que tous les citoyens un peu clair-voyant durent pressentir que les deux conseils ne seraient plus désormais que les bras du despotisme directorial. Cette loi punit de mort les provocateurs au renversement de la constitution de l'an III, et au rétablissement de la royauté ou de la constitution de 1793 : si les instigateurs de cette loi et ceux qui la votèrent avaient eu la vertu des Charondas, ils se seraient tous donné la mort, pour avoir violé eux-mêmes ou souffert qu'on viola impunément cette constitution, que ses auteurs n'ont sans doute jamais regardée que comme un marche-pied qui devait les conduire par degrés au pouvoir absolu. Il ne faut pas chercher des Charondas parmi eux ; on ne peut y trouver que des Pisistrate : aussi avides de pouvoir que ce dernier, et non moins habiles à conspirer, ils savent comme lui feindre des conspirations pour faire réussir la leur et arriver à la tyrannie. La soif du pouvoir absolu : tel est l'horrible motif de l'arrestation de Drouet, de la conspiration de Babeuf et de toutes celles qui l'ont suivies.

En violant la représentation nationale dans la personne d'un législateur, on l'avilissait, on la préparait à tout souffrir, à tout sanctionner, à décréter si on le voulait, comme il arriva autrefois à Rome en faveur de Sylla, que la volonté de chaque Directeur aurait force de loi. En faisant arrêter Babeuf et ses prétendus complices, par le moyen de leur espion, de ce Grisel, dont le nom ait l'insulte la plus grossière que la colère et le mépris réunis puissent employer, et qui n'a de synonime que celui de Malo : en les poussant, les excitant et les provoquant à quelqu'acte répréhensible par cet abominable agent de leur cruauté, ils se ménageaient, s'il eût réussi, la faculté de les assassiner légalement, et applanissait par leur mort un des plus grands obstacles qui se présentait à l'exécution de leurs trames infernales. Que de soins et de peines ils se donnèrent ! Que d'intrigues et de manœuvres sourdes ils employèrent pour obtenir la condamnation de tant de citoyens, d'un si grand nombre de pères de famille intéressans, étonnés de se voir pour la première fois et de se trouver ensemble dans les mêmes prisons et sur les mêmes gradins, accusés du même crime de haute trahison, les uns pour s'être trouvés sur des listes auxquelles Grisel n'était pas étranger, d'autres pour avoir eu à leur adresse des lettres interceptées, dont les auteurs impunis annonçaient une conspiration prête à éclater ; tous pour le bon plaisir des membres du Gouvernement, pour leur utilité personnelle, pour les affranchir des contradictions qu'ils craignaient de la part de ces républicains dans l'exécution de leur plan d'usurpation!

Un peu moins complaisant que le corps législatif, qui avait trouvé la preuve du flagrant-délit dans la simple déclaration du Directoire, le haut juré, frappé de l'évidente fausseté de cette conjuration du 21 Floréal, refusa d'en reconnaître l'écriture; et se borna à lui sacrifier quelques hommes, en prononçant sur des séries de questions qui n'étaient pas de sa compétence. Instruits de ce dessein, peu satisfaits de ce demi-triomphe, qui pouvait être pris pour une défaite, les Directeurs rugissent comme des lions furieux auxquels on aurait arraché leur proie; leur orgueil s'irrite; et pour donner à leur première dénonciation une apparence de vérité, ils ont recours à leur moyen ordinaire; ils cherchent à l'appuyer par une autre conspiration, et organiser celle de Grenelle, qui est le complément de celle de Floréal. Ils appelent leurs mouchards, leur prodiguent l'argent, et leur ordonnent d'insinuer aux républicains les plus ardens, que les royalistes conspirent, et qu'ils doivent exécuter leur projet tel jour, telle nuit, à telle heure, et que pour sauver la République, il faut qu'ils se réunissent au Camp de Grenelle, où ils font répandre que les royalistes doivent venir les attaquer : ils préparent ainsi, exécutent en un instant la conspiration de Grenelle, et se dédomagent d'avance dans les flots du sang qu'ils y font répandre, de la trop petite curée qu'on leur prépare à Vandôme. Du fonds de leurs palais ils entendirent à la faveur du silence de la nuit, les cris lamentables des blessés, le bruit des pas précipités des fuyards, celui des chevaux, des armes, et des coups horribles que portent les soldats de la patrie, transformés à leur insçu en bourreaux des républicains, le son obscur produit par la chûte des morts, les plaintes trop tardives contre la fourberie du Directoire et de ses espions, les risées de ceux-ci, leurs injures et leurs outrages : partageant en secret leur joie féroce, ils rassuraient les personnes qui les entouraient et que ces symptômes de carnages épouvantaient, par ces paroles de Sylla aux Sénateurs romains, émus par les hurlemens affreux de six mille citoyens dont il avait ordonné l'égorgement : « Nayez point d'attention aux cris de quel- » ques conspirateurs qu'on exécute par nos » ordres ». Ils durent ajouter : Demain, nous nommons une commission militaire, nous faisons renvoyer ceux de nos agens qui se trouveront parmi les prisonniers, et fusiller le reste avec tous ceux dont nous avions résolu de nous défaire, fallut-il les aller chercher jusques dans les bras de leurs femmes malades, qu'ils s'applaudissent en vain de n'avoir pas abandonnées. Leur promesse ne fût point vaine : il s'agissait de tuer ; ils firent assassiner à coup de fusils, et au mépris de la constitution, qu'ils réclamèrent en vain les démocrates trop confiant qu'ils avaient entrepris d'exterminer.

Toujours d'accord avec les autres membres de la faction conventionnelle, dont j'ai entrepris de déchirer les voiles sanglans, qui ne la dérobe plus qu'à quelques yeux intéressés ou inattentifs, ces partisans infatigables de troubles et de discordes faisaient marcher de front une conspiration royaliste : c'est celle de Brotier et Lavilleurnoi, mieux désignée sous le nom de conspiration Malo, qui en fut l'instigateur principal. Cet autre Grisel, ce digne émule de cet infâme, rampe et se glissé comme un serpent auprès de ces deux agens de Louis XVIII, il leur montre ses habits encore teints du sang des républicains qu'il a égorgé à Grenelle, et soutenant un si brave début dans le rôle qu'il a promis de jouer, il les anime, les pousse et les entraîne à former le plan d'une conspiration, dont il garantit le succès. Pour leur bonheur et celui de tout ceux que la noire perfidie de ce vil mouchard avait séduits ou aurait pu séduire, la faction oligarchique qui nous domine pesa les démocrates et les royaliste dans sa balance politique : le bassin de ceux-ci s'étant trouvé beaucoup plus léger que l'autre, elle n'en fit mourir aucun ; mais toujours féroce, jusques dans ses actes d'humanité, elle ne les épargna et ne leur montra de la faveur que pour rétablir par leur moyen l'équilibre qu'elle desirait. Cette faveur et l'horrible boucherie de Grenelle furent le signal de nouveaux massacres dans les départemens : les prêtres réfractaires et les émigrés rentrèrent en foule de toutes parts, et se réunissant aux restes des compagnons de Jésus et du Soleil, ils ne secondèrent que trop bien les vues de cette faction exécrable, qui devait bientôt les briser comme des instrumens inutiles.

Son silence sur les nombreux assassinats et les persécutions de toute espèce, auxquels les républicains furent en butte jusqu'au 18 Fructidor, ne laisse aucun doute qu'elle les voyait exterminer avec plaisir : d'un mot elle pouvait prévenir ou arrêter cette effusion de sang français ; elle se tut, parce qu'il lui était utile et agréable de le voir répandre. Bien plus, loin de s'opposer au mal, elle repoussa plus d'une fois dans ses journaux officiels, comme faux et dénué de tout fondement, l'éveil que ne cessaient de lui donner à cet égard quelques journalistes courageux : ce démenti de la part d'un gouvernement équivaut sans doute à une approbation ; il peut et doit être considéré comme une persécution indirecte ; en sorte qu'on peut dire avec raison, et sans crainte de se tromper, que c'était le gouvernement lui-même et les autres conventionnels ses complices, qui faisaient égorger comme des voleurs et des buveurs de sang des hommes restés pauvres et irréprochables, qui n'avaient d'autres torts que leur patriotisme, d'avoir exécuté ou fait exécuter leurs lois abominables, et de leur avoir envoyé les dépouilles des églises et des particuliers, qu'ils croyaient destinées aux besoins de la patrie, et qui ne furent employées par ces mandataires impurs qu'à servir de base à leur fortune colossale.

Les partisans de leurs brigandages, les véritables fripons, et tous ceux qui, par l'autorité de leurs cœurs et de leur conduite ; avaient justement mérité le nom de terroristes, furent épargnés. Ils profitèrent de cette nouvelle occasion de satisfaire leur goût pour le meurtre et le pillage, et mériter d'avancer dans les bonnes graces de leurs tout-puissans protecteurs. Cette circonstance, jointe à ce qu'ils ont constamment une toile officieuse baissée sur ces scènes d'horreurs jusques aux approches du 18 Fructidor, où ils ont cru utile de la lever pour les apposer aux membres du corps-législatif, dont ils craignaient les attaques, ne laisse aucun doute sur cette vérité, que le Directoire les avait provoqués pour son intérêt particulier, et les voyait avec plaisir. Peut-être avait-il prévu qu'il pourrait les imputer un jour avec avantage à ce Corps-Législatif, son rival, s'il entreprenait de vouloir l'entraîner dans sa marche rapide vers le despotisme : c'est probablement aussi pour la même raison qu'il en facilita l'accès à quelques émigrés ; qu'il dissimula l'influence de Brottier et de la Villeurnois, sur les assemblées primaires et électorales de l'an V jusqu'au 19 Fructidor, où nous fûmes étonnés d'apprendre que le prétendant était parvenu à faire réussir le choix de ses créatures dans un très-grand nombre de départemens, sans que le Directoire, qui nous faisait cette confidence, s'en fut apperçu jusqu'à lors. Si ce fait était vrai, il aurait été coupable de ne l'avoir pas dénoncé avant leur admission au corps-législatif, et il ne se lavera jamais d'avoir attendu à le faire connaître, que les législateurs qu'il proscrivit le 19 Fructidor, lui eussent demandé compte de l'emploi des finances de la République, et se fussent montrés disposés à exiger qu'il ne sortît jamais des bornes de la constitution; il demeurera à jamais flétri dans le cœur des hommes libres, en supposant coupables, ce que je suis bien éloigné de croire, tous ceux qui furent frappés à cette époque, pour avoir violé à force armée l'asyle de la représentation nationale, avoir déporté ou renvoyé arbitrairement ceux de ses membres qui lui déplaisaient; pour s'être attribué la nomination des juges, avoir établi des commissions militaires pour juger d'autres citoyens que le militaire, etc., etc., et avoir frappé de mort, par le nouveau code révolutionnaire du 19 Fructidor, la constitution et la liberté. Il change en un jour de langage et de victimes, sans changer de système ni de but : maître de la vie de tous ceux qui avaient suivi l'étendard de ses dernières proscriptions, il les fait fusiller, ou exige qu'ils rachètent leur vie au poid de l'or; souvent il reçoit d'une main le prix convenu, et signe de l'autre l'ordre du supplice. Tout cède à sa volonté; son intérêt est la seule règle de sa conduite. Il destitue et remplace selon son caprice, tout fonctionnaire qui n'est pas entièrement dévoué à ses ordres; il en exige l'obéissance aveugle des muets du grand Turc; il fait briser ou sceller les presses des journalistes qui lui déplaisent; il créé de nouveaux impots, ordonne la banqueroute, et fait forger, par les soins du ministre de la police, les matériaux de la conspiration de Floréal, qui doit porter le dernier conp à l'autorité souveraine du peuple, et ne lui laisse qu'un faible échelon à monter pour arriver au despotisme absolu.

Quelques républicains aveugles applaudià la journée du 18 Fructidor; ils la regardaient comme un jour de triomphe pour la patrie; tous ceux qui avaient quelques principes et quelque prévoyance se turent ou gémirent sur cet outrage fait à la Constitution; ils n'y trouvèrent qu'un objet de deuil pour la République, et ne virent dans le Directoire qu'un ennemi adroit, qui lui enfonçait le poignard dans le cœur au moment même où il se disait armé pour la secourir : Les premiers crurent bonnement que le Directoire ne déchirait le pacte social que pour le conserver ; les seconds jugèrent, aux conquêtes qu'ils faisaient sur les droits du peuple et du corps législatif, qu'il n'avait d'autre objet que de se débarrasser de ses liens, de se défaire de ses ennemis, et d'assurer son impunité : ceux-là s'arrêtaient à l'écorce, et se réjouissaient de la résurrection des lois de proscription qui chassaient des Assemblées Primaires un nombre considérable de Citoyens ; des proclamations du Directoire, qui en ordonnaient l'exécution ; de ses instructions, par l'organe de son ministre de la police, de se réunir en sociétés populaires ; de ses lettres interprétatives de la Constitution à cet égard ; de sa générosité à fournir de l'argent pour le loyer des salles, meubles et décores : ceux-ci sondaient le bois et n'y trouvaient que vermoulures ; ils s'affligeaint des atteintes portées à l'égalité des droits par le renouvellement de la fameuse loi *Merlin* contre les suspects ; de l'influence inconstitutionnelle que le Directoire s'arrogeait par ses proclamations sur les Assemblées Primaires ; de l'asservissement des réunions politiques qui, ne rouvrant que par ses ordres et à ses frais, ne pouvaient être considérées par lui que comme un levier dont il voulait se servir pour vaincre les obstacles qui s'opposaient à l'exécution de ses desseins sur les prochaines élections : persuadés qu'une source empoisonnée ne saurait fournir une eau pure, ils s'attendaient à de nouveaux actes de scélératesse, et ne furent point surpris qu'il prodiguât l'or et l'argent du peuple à corrompre les Electeurs ; qu'il employât les libelles diffamatoires contre les législateurs qui avaient été nommés sans son aveu, et qu'il ordonnât au corps législatif de les exclure sous prétexte d'une conspiration anarchique, à l'appui de laquelle il ne fournit rien, pas même des *chiffres* ; ils ne furent point étonnées de la facilité avec laquelle il fit passer la loi du 22 Floréal, parce qu'ils avaient connaissance de la faction conventionnelle qui lé sondait, et qu'ils étaient persuadés qû'il avait su mettre d'un côté les ambassades, l'or et les emplots importans pour ses approbateurs serviles ; l'abandon , l'exil , la mort même de l'autre pour récompenser le dévouement de ceux qui seraient restés fidèles à leur devoir : ils furent toutefois ébahis en voyant indiquer les réunions de Paris comme le foyer de la conspiration, et désigner Pitt pour en avoir fait les frais ; pouvaient-ils en effet le croire capable d'une aussi grande mal-adresse ? En imputant cette conspiration a des sociétés politiques qu'il avait lui-même créées, fait surveiller et annéantir, sans trouver le plus léger prétexte d'inculper et de poursuivre aucun de leurs membres, ne s'en déclarait-pas lui-même l'auteur ? En divulguant que les offres de Pitt avaient été mis à contribution, ne révélait-il pas à la France entière, qui lui avait vu prodiguer l'or aux libellistes, à des porteurs de listes dans les Départemens et à ses Commissaires, le secret de l'évasion de Smith, et ne confirmait-il pas par-là le bruit généralement répandu, qu'il avait préféré les guinées de l'Angleterre aux quatre mille prisonniers français qui lui avait été offerts en échange de ce commodore ?

Oh ! nous sommes bien persuadés qu'il a reçu le prix de la rançon de Sidney Smith; mais nous sommes en même-tems tous convaincus qu'il l'a gardé en entier, et qu'il a employé le propre sang du peuple, le pro-

dui-

duit des impôts à égarer l'opinion par les affiches diffamatoires, à corrompre ses électeurs et ses députés, et à ne laisser entrer au corps législatif que des élémens homogènes, c'est-à-dire des lâches ou corrompus, prêts à sanctionner leur propre infamie. Quelle est donc la moralité d'un gouvernement qui, né dans le bourbier des conjurations et des crimes de toute espèce, cherche à croître dans son limon empesté, et espère s'affermir par un moyen qui amena toujours la chûte des empires les plus fortement constitués? Nous vanteraient-ils la destruction de l'ancienne tyrannie, à laquelle ils ont contribué? mais quel bien nous en revient-il si, pour prix de l'avoir abattue, ils en substituent une autre à leur profit, mille fois plus dure et plus accablante? et qu'importe au peuple malheureux qu'on ait abattu, arraché avec effort l'arbre des antiques abus, si on en cultive un autre à sa place, qui porte des fruits encore plus nombreux et plus empoisonnés? Jeune encore, il a jeté les racines les plus profondes et les plus dévorantes; il couvre le vaste sol du territoire français de ses rameaux touffus, et son ombre délétère le menace d'une stérilité absolue:

nos divisions, voilà le fumier qui lui donne cette séve vigoureuse qui le rend si fécond; la faction conventionnelle, renforcé de quelques constituans, le lui prodigue à l'aide de nos dissentions politiques; elles sont le bouclier, à l'abri duquel elle nous combat avec tant d'avantage pour sa fortune, son ambition et ses jouissances : notre union est son défaut, les assemblées primaires l'arme redoutable que Minerve a remis en nos mains pour le salut commun.

Je le répète et ne cesserai de le répéter: rallions-nous tous de bonne foi à cette constitution de l'an 3, que nous pourrons perfectionner heureusement à l'ombre de la paix; qu'elle soit l'autel de nos sacrifices à la concorde; admettons-y à nos libations tous ceux qui se présenteront avec le vœu et la ferme intention de faire cesser nos discordes civiles; n'excluons que ceux qui viendraient y souffler le venin mortel des divisions intestines; jetons-y le voile officieux de l'oubli sur le passé, même à l'égard de nos gouvernans barbares; mais promettons-y d'exercer une surveillance active sur le présent, et d'exiger une punition rigoureuse pour les crimes à venir; que si les législateurs et les directeurs continuent à être usurpateurs, oppresseurs, avares, injustes et cruels, recourons aux moyens extrêmes de l'insurrection pour nous délivrer de tyrans plus voraces que les bêtes les plus féroces, plus redoutables que les animaux les plus venimeux : le pacte qu'ils ont assis sur tant de cadavres, cimenté de tant de sang, que nous avons reçu au milieu de tant de sacrifices et de si grands malheurs, nous en fait un devoir, nous en impose l'obligation : que ce ne soit pas en vain que le dépôt en ait été remis au courage de tous les Français ; sachons le défendre contre les atteintes de ses parricides auteurs, ne souffrons pas qu'ils le traitent de réglement militaire ; qu'ils nous l'imposent comme à des vaincus et s'en affranchissent au gré de leurs passions ; qu'une crainte salutaire leur fasse enfin respecter la religion des sermens, qu'ils ne se jouent plus désormais d'un peuple trop patient, en le traitant à cet égard comme en usaient autrefois les catholiques romains, qui les regardaient comme dérisoires envers les hérétiques ; ne leur laissons pas cueillir le dernier fruit de leurs nombreuses perfidies, et de leur prévarications ; arrêtons-les avant qu'ils ayent monté le dernier degré qui les sépare du pouvoir absolu.

Si, enhardis par leurs succès précédens, et énorgueillis des journées populicides de Fructidor et de Floréal, ils entreprenaient de nous donner une constitution nouvelle pour se perpétuer dans leurs places, et achever d'enlever au peuple le peu de sang et de vie qu'lsi lui ont laissés ; si jetant insolemment le masque usé qu'ils ont gardé jusqu'à ce jour, ils osaient lui interdire ses assemblées primaires ou mépriser ses choix, et lui ôter par ce moyen tout espoir d'améliorer son sort, qu'un cri unanime s'élève de tous les points de la France et les accuse de tyrannie ; qu'il soit tressé d'avance des couronnes pour les citoyens généreux qui délivreront la patrie de leur joug insupportable ; que tout Français ait sans cesse devant les yeux ou présentes à sa mémoire ces maximes saintes, que Mably a puisées dans le code éternel de la raison primitive : « Un citoyen vertueux peut faire avec » justice la guerre à la tyrannie, puisqu'il peut » y avoir des tyrans, c'est-à-dire des Magis- » trats qui prétendent exercer une autorité » qui ne peut et ne doit appartenir qu'aux » lois..... Si le droit de la force n'est pas

» le plus sacré des droits ; s'il subsiste parmi » les hommes quelque principe de raison et » de morale, la justice permet de recourir » aux armes pour résister à un oppresseur » qui viole les lois ou qui en abuse avec adresse » pour usurper un pouvoir arbitraire. ..... » La raison dont la nature nous a doués, la » liberté dans laquelle elle nous a créés, et » ce desir invincible du bonheur, qu'elle a » placé dans notre ame, sont trois titres que » tout homme peut faire valoir contre le gou- » vernement injuste sous lequel il vit ».

Si donc les dépositaires du gouvernement comblent la mesure de la tyrannie et de l'injustice ; si la force des lois est impuissante pour punir leurs délits envers la société, recourons à tous les moyens possibles pour les chasser de leurs fauteuils, et les remplacer par des Magistrats qui donnent les premiers l'exemple utile de leur respect et de leur soumission aux lois. D'après celles de Lycurgue, les rois de Lacédémone juraient de gouverner l'état conformément aux lois écrites et reçues, et la République jurait de son côté qu'elle serait toujours soumise à ses Rois, tant qu'ils observeraient ce qu'ils avaient promis par leur serment de fidélité à la constitution, nos Directeurs ont contracté envers nous le même engagement que les rois de Sparte contractaient envers les Lacédémoniens, et nous n'avons pu en contracter d'autres envers eux en faisant le même serment, que celui des Lacédémoniens envers leurs Rois. Dès qu'ils cessent de gouverner au nom du contrat social ; qu'à sa force morale ils substituent la force physique, tous nos liens se rompent au même instant ; nous ne devons plus d'obéissance qu'aussi long-tems que nous sommes les plus faibles : il est permis, il est utile et louable de tout entreprendre, de recourir à tous les expédiens pour tâcher de devenir les plus forts. Un moyen simple, facile et d'une agréable exécution se présente de lui-même, et nous promet le succès le plus flateur : sachons le saisir ; que chacun connaisse et suive ses vrais intérêts ; qu'avec le nom de Républicain il en prenne l'esprit ; que les agriculteurs et les militaires, les artistes, les Négocians, les ouvriers, ceux qui vivent de leur industrie ou de leurs revenus, les Rentiers et les Créanciers de l'Etat, unis par une douce fraternité, se liguent pour l'avantage commun! que chacun ressente l'injustice commise envers tout autre membre de la société, et réclame contre elle aussi vivement que si elle lui était personnelle ; et cette force, que nos oppresseurs tirent du sein du peuple pour l'accabler, reste toute entière dans ses mains pour prévenir, arrêter ou punir leurs vexations journalières : de cet heureux accord naîtrait pour le Législeteur l'obligation de faire de bonnes lois ; pour l'administrateur, celle de veiller avec soin aux intérêts de ses administrés : le juge y trouverait la nécessité d'être intègre dans l'exercice de ses fonctions, et les Directeurs seraient réduits à l'impuissance si desirable d'outrepasser leurs pouvoirs.

Mais pour notre malheur commun, nous nous isolons ; au lieu de nous regarder tous comme les membres d'une même famille, nous nous concentrons en nous mêmes, nous nous individualisons ; rien ne nous touche que ce qui nous est directement personnel, et nous vivons au milieu de nos concitoyens, aussi étrangers aux injustices dont ils sont victimes, que nous pourrions l'être à celles qu'éprouveraient les habitans d'un pays inconnu, où le hasard nous forcerait de faire un séjour momentané : c'est à la faveur de cette indifférence et de cette apathie funeste qu'une faction de voleurs s'est emparé des biens du clergé et de la couronne , et de ceux des rentiers et des créanciers de l'Etat , et que la promesse faite aux défenseurs de la patrie d'un milliard de biens nationaux appartient déjà au domaine des chimères. Ainsi, nous verrons des agioteurs et des conventionnels regorger d'or et d'argent , avoir des propriétés foncières immenses , des palais superbes, les meubles les plus précieux, une table somptueuse , des chevaux, des voitures , de nombreux valets , tandis que les propriétaires légitimes sont dépouillés et condamnés à tendre une main suppliante aux passans, dont les uns ne peuvent répondre à leur demande que par des soupirs impuissans, et les autres ne l'accueillent que d'un coup-d'œil ou d'un sourire dédaigneux. Quelle compassion pouvons-nous attendre de la part des nouveaux enrichis et des puissans de fraiche date , lorsque des militaires mutilés , dont ils ont prodigué le sang pour assurer leurs fortunes mal acquises et consolider leurs usurpations, sont livrés au plus révoltant abandon, à la misère la plus affreuse? qu'est devenu l'engagement solemnel, si souvent renouvelé et garanti par tant de sermens, d'accorder à chacun d'eux une pension ou un asyle à la maison nationale, et à tous ceux qui auraient survécu aux dangers de la guerre jusqu'à la paix une portion de terre ? un jeu révoltant, une sanglante dérision. Quoi ! une poignée de voleurs, des agioteurs, des fournisseurs et des conventionnels auront de vastes domaines ; et des militaires, des citoyens tels que les défenseurs de la patrie seraient réduits à n'avoir aucun lieu où ils pussent déposer leurs armes et leurs lauriers! auront-ils combattu avec de si grands dangers, surmonté tant d'obstacles, résisté à tant de fatigues pour notre sûreté, pour garantir nos fortunes et conquérir la liberté, pour languir dans l'indigence et l'abandon ? Si tout-à-coup, au même instant, les quinze cent mille braves, qu'une mort glorieuse a moissonnés au champ d'honneur, ramassant leurs membres épars, se levaient et apparaissaient au milieu de nous ; s'ils nous demandaient compte de notre conduite envers leurs camarades mutilés, envers leurs femmes et leurs enfans ; s'ils nous les présentaient tels qu'ils sont en très-grand nombre, couverts de haillons, pâles, défaits, hâves et décharnés, que répondrions-nous s'ils nous accusaient d'être parjures, inhumains et ingrats envers ce qu'il avaient de plus cher ? leur dirions-nous : tandis que vous combattiez pour notre liberté contre les despotes coalisés, nous recevions le joug d'un petit nombre de tyrans ; tandis que vous affrontiez les hasards des combats pour assurer nos propriétés, que nous nous laissions ravir par un petit nombre de fripons ; tandis que vous mouriez pour l'égalité, nous consacrions l'usurpation d'un petit nombre d'ambitieux ; tandis que vous répandiez la gloire du nom français dans tout l'univers, nous consentions à vivre dans l'avilissement, l'opprobre et l'infamie, sous la verge d'un petit nombre de despotes audacieux ?

O comble de la dégradation, ô fatal amour d'une triste vie ! à quel degré d'avilissement ne fais-tu pas descendre de pitoyables mortels ! Jurons par les manes sanglans de nos héros, par les corps mutilés de leurs dignes camarades, par leur gloire, par notre honte, par l'envahissement de nos biens, par nos femmes et nos enfans mourant de faim, par notre vengeance, par un noble désespoir ; jurons de vivre libre ou de mourir avec gloire : jurons d'exterminer les scélérats qui exerceraient ou usurperaient un pouvoir tyrannique, et ne jurons pas en vain. N'oublions pas que les autres peuples nous contemplent ; et quelle que soit la bouche qui nous a appelé la grande Nation, sachons soutenir la splendeur d'un si beau nom ; ne souffrons pas qu'ils puissent penser et dire : Quelle misérable grandeur ! elle a promis un morceau de terre à ses défenseurs ; elle a garanti la dette publique, les rentes et les créances de l'Etat, et elle manque à ses engagemens ; elle avilit les banqueroutiers, et elle fait banqueroute elle-même ; elle se vante de porter la liberté chez nous, et elle baisse son front humilié devant des maîtres ; elle souffre que ses Magistrats usurpent son autorité, disposent de toutes les fonctions, s'emparent de tout, envahissent tous les biens ou les laissent envahir par leurs affidées et leurs amis, et en jouissent insolemment avec eux, contre toute règle et contre toute justice, sans soins, sans périls, sans fatigues, sans autre droit que celui des voleurs de grand chemin, la force, l'avarice, l'avidité et le prestige du pouvoir.

Ah ! si chacun de nous qui a un parent ou un ami dans les armées persuadait aux braves qui servent nos tyrans dans l'intérieur, que ceux qu'ils leur font détruire sont leurs pères, leurs mères, leurs épouses, leurs enfans ou leurs amis ; qu'aujourd'hui les instrumens de leur oppression, ils seront bientôt opprimés à leur tour ; si on les leur rendait odieux, en leur présentant sans cesse l'affreux tableau des maux sans nombre dont ils nous accablent ; si on voyait se former une ligue générale et salutaire contre leurs injustices, leur violation de la constitution, et leurs crimes de toute espèce, ils se sappelleraient peut-être que le despotisme de la cour, celui du haut clergé, de la noblesse, des parlemens et des financiers, qui pesait depuis tant de siècles sur la tête du peuple, disparut devant sa volonté toute-puissante comme une vile poussière chassée par un vent impétueux : ils ne se flatteraient peut-être pas que quelques centaines de brigands, rassasiés d'or et de crimes, le domineraient et l'opprimeraient en vain ; qu'ils dévoreraient à leur gré ses dernières ressources, et qu'ils condanneraieut sans danger la génération présente et la postérité à des privations continuelles, à un esclavage éternel : peut-être qu'au lieu de le vexer, de chercher à lui inspirer de la crainte et de se rendre semblables aux tigres et aux crocodiles, qui inspirent aussi de l'effroi, ils s'efforceraraient de faire son bonheur et de mériter son amour :

peut-être qu'au lieu de favoriser le riche aux dépens du pauvre, ils useraient de leur pouvoir pour protéger les pauvres contre les riches, qu'au lieu de ruiner l'agriculture, les arts et le commerce par des impôts plus qu'onéreux et de fréquentes conspirations, ils s'efforceraient de les faire refleurir en prévenant les troubles, en éteignant les haines et les divisions intestines, et en allégeant le fardeau des contributions: peut-être qu'au lieu de se prêter aux brigandages des fournisseurs, des administrateurs, des ministres ou autres employés de la République, ils les livreraient avec empressement à la vindicte des lois; qu'au lieu de provoquer l'avilissement du corps législatif, en l'excitant et le forçant par ses agens à violer la constitution, à se partager les traitemens des députés exclus en Fructidor, et à doubler son indemnité au moment même où il se préparait à lui faire décréter la cinquième ou sixième banqueroute qui vient de s'effectuer, il se presserait d'imiter la tendre sollicitude de Marc-Aurelle qui, dans un moment de détresse du peuple romain, moins considérable que celle qu'éprouve actuellement le peuple français, fit vendre pour le soulager ses meubles, ses bijoux et ses habits, ainsi que ceux de l'impératrice son épouse. Au lieu de s'entourer d'hommes méchans, artificieux, intéressés, trompeurs, sans honneur et sans principes, toujours prêts à les flatter, qui bourdonnent sans cesse à leurs oreilles les mots de zèle et d'attachement pour leurs personnes, afin d'assouvir leur cupidité et contenter leur ambition, ou pour les tromper et les trahir, peut-être qu'ils rechercheraient les citoyens bons, droits, sincères, dédaigneux des richesses, soigneux d'une bonne réputation, ne s'écartant jamais des règles du juste et de l'honnête, capable de leur faire entendre le langage austère de la vérité : peut-être qu'au lieu de corrompre le peuple par l'étalage d'un luxe ruineux qui engendre mille besoins factices, par leur orgueil, leur avarice, leur perfidie, leur dureté et leurs préférences choquantes, ils s'efforceraient de le rendre meilleur en lui inspirant par leur exemple l'économie, la sobriété, la modestie, le désintéressement, la bonne foi, la bienfaisance, et en réservant les égards et la considération, qu'ils accordent aux richesses, à la vertu simple et timide. Au lieu de le compter pour rien et de s'en servir, à l'imitation des mauvais rois, pour assouvir leurs passions, ils se ressouviendraient peut-être qu'il les a tirés du sein de l'obscurité ; qu'ils doivent s'occuper sans relâche de son bonheur, préférer ses intérêts à ceux de leur famille, lui consacrer leur tems, leurs soins, leur affection, et suivre au besoin l'exemple des Curtius et des Regulus, se dévouant à la mort pour servir leur patrie. Au lieu de r'ouvrir ses plaies par des fêtes de circonstances, qui rappellent aux veuves et aux orphelins la perte de leurs pères ou de leurs époux, ils s'efforceraient peut-être d'en effacer le souvenir en évitant avec soin tout ce qui serait propre à le rappeler et à exciter des ressentimens funestes. Au lieu de régner par le carnage et l'arbitraire, ils verraient peut-être que la cruauté et le mépris des lois doivent faire périr tôt ou tard ; que la main qu'ils arment pour trancher les têtes qui s'élévent au-dessus de leur joug peut faire tomber les leurs ; que dans un pays où l'on ne reconnaît d'autres droits que celui du plus fort, le plus audacieux ou le plus rusé doit finir par usurper toute l'autorité ; qu'en persistant dans la violation de la constitution, il n'y a plus de raison pour que la minorité du Directoire subisse la loi de la majorité ; pour que Barras cède à Merlin, ou celui-ci à Barras : ils verraient peut-être qu'ils ne peuvent être heureux dans leur puissance qu'en la soumettant à la raison et à la volonté du peuple ; que, dépositaires des lois, ils doivent se laisser gouverner par elles ; que leur humanité, leur modération, leur sagesse et leur vertu les environneraient de la confiance, de l'estime, du respect et de la vénération de leurs concitoyens, cortége qui vaut bien sans doute que celui des mouchards, des bourreaux et des flatteurs. Au lieu de faire de leurs fonctions un métier lucratif, d'en desirer la continuation, et de tout employer pour s'y perpétuer, ils les considéreraient peut-être comme une obligation, comme un devoir pénible et difficile à remplir, qui ne leur offrirait d'autre dédommagement que la faculté de rendre le peuple heureux, dont la durée leur paraîtrait toujours trop longue, et qu'ils voudraient pouvoir abréger. Au lieu de salarier plusieurs armées de mouchards, celle du Directoire, du Ministre de la police, du Département, du Bureau Central, etc., ils se décideraient peut-être à employer les fonds qu'ils leur prodiguent à payer les rentes et pensions, et à acquiter les autres dettes de l'état, qu'ils prétendent

tendent acquitter par des banqueroutes honteuses. Au lieu de payer inutilement des officiers réformés, qui ont combattu si courageusement pour fonder la République, et qui demandent avec instance à rentrer en activité de service, ils utiliseraient peut-être leur paye et leur dévouement en leur confiant les emplois militaires qu'ils ont mérités à tant de titres, et qu'ils prodiguent à des favoris, qui n'ont d'autre mérite que celui de suivre la mode du jour et de ramper dans leurs antichambres. Au lieu de manquer de bonne foi dans leurs traités et dans leurs alliances avec les peuples amis, ils respecteraient peut-être leur souveraineté et ne les traiteraient pas en vaincus, et quelquefois comme un vil troupeau qu'ils livrent à la dent meurtrière de quelques loups couronnés, ou à l'insigne rapacité de leurs commissaires et de leurs agens. Au lieu de lutter d'immoralité et de perfidie avec Pitt, de débarquer en Irlande des galériens, et d'avilir ainsi le nom français et les Irlandais-unis combattant pour la liberté, ils auraient peut-être, ou renoncé à leur expédition, ou envoyé des hommes dignes de seconder leurs efforts. Au lieu de laisser impunis les traitres qui livrent nos vaisseaux ou alimentent les places assiégées, ils en poursuiveraient peut-être la punition avec cette chaleur qui convient aux premiers magistrats d'un gouvernement qui serait fondé sur la vertu. Au lieu de récompenser par des consulats, des agences ou des ambassades, l'opprobe des députés du peuple, dont ils lui abandonnent les droits qu'ils s'étaient chargés de défendre, ils les réserveraient peut-être aux citoyens courageux, incapables de transiger en aucun tems et en aucun lieu avec leur conscience et leur devoir. Au lieu d'employer des sommes énormes en réparations qui pourraient s'ajourner, ils les auraient peut-être assignées à l'entretien des hôpitaux; où les enfans manquent de lait, et les malades de nourriture et de médicamens. Au lieu de les faire mourir d'inanition pour faire passer l'impôt dés droits d'entrée, sous le nom d'impôt de bienfaisance, ils auraient peut-être ordonné que le décrêt en fut rendu aussi-tôt qu'ils eurent décidé de le rétablir; ils auraient peut-être veillé avec soin à la conservation des droits du peuple, la liberté, la sûreté, au lieu de les avoir méprisés et outragés eux-mêmes, en faisant incarcérer et retenant arbitrairement des citoyens dans les fers ; en proscrivant les journaux et les journalistes qu'ils ne salarient point ; en enchaînant la pensée des Législateurs par la menace de la proscription ; en composant eux-mêmes le corps-législatif ; en interdisant la faculté de se réunir en sociétés politiques ; en faisant faire des lois par un bureau central ; en augmentant de leur plein pouvoir le traitement de leurs commissaires ; en s'emparant des nomminations à toutes les places ; en créant ou faisant naître des circonstances pour autoriser des visites domiciliaires et préparer des conspirations, en autorisant les assassinats, les vols et les dilapidations, par l'impunité de leurs auteurs ; en favorisant la délation, les maisons de jeu et de débauche ; en disposant des impôts et des biens nationaux sans rendre compte ; en déchirant tous les jours quelques feuillets de la constitution, etc., etc. Au lieu d'avoir l'ambition des Cassius Viscellinus et Manlius Capitolinus, qui furent précipités du haut de la roche tarpeïenne, malgré les services signalés qu'ils avaient rendus à Rome, leur patrie, pour avoir aspiré à la royauté, ils auraient peut-être montré la modération et le désintéressement des Curius et des Fabricius, et mérité comme eux de passer avec gloire à la postérité la plus reculée.

Cette ligue sainte des bons contre les méchans, des hommes probes contre les voleurs, des opprimés contre les oppresseurs, n'aura peut-être jamais lieu : la fortune les a tous cloués au bas de sa roue, et pour notre malheur, la cruelle qu'elle est renonce à la faire tourner ; elle a mis le sort de la République dans les mains de cinq brigands, qui exigent du respect, et ne savent que se faire craindre ; ils n'inspirent que la haine, le mépris et l'horreur, parce qu'ils ne songent qu'à rendre le peuple soumis, en l'accablant sous les coups de leur verge tyrannique, au lieu de chercher à lui procurer l'abondance et le bonheur.

Qui me rendra la liberté, l'abondance et la félicité dont je jouissais sous le gouvernement despotique de la Russie ? plus d'une fois j'osai lui faire entendre la langue ferme de la vérité, sans courir aucun danger : aujourd'hui, sous un gouvernement qu'on dit républicain, sous le règne prétendu de la liberté, il a fallu que je me fusse dévoué à la mort pour oser publier les faits que je viens de retracer. Tyrans impitoyables, j'attends vos satellites : ils me trouveront rue Joquelet, quartier Montmartre, N°. 410, à l'Hôtel de l'Infortune, dans le galetas où me loge gratuitement la commisération de la veuve Moreau, pauvre et malheureuse. Hélas! il n'est donc que trop vrai que ce n'est que chez celui qui souffre que la douleur trouve quelque consolation!.... Que tardez-vous à me les envoyer, je ne vous demande que la mort : plus inexorables qu'elle, n'en seriez-vous avares qu'envers ceux qui la desirent ?

J'ai recueilli toutes mes forces et toute mon énergie, pour inspirer aux Français probes et vertueux l'horreur que je ressens envers les conventionnels, qui nous gouvernent depuis trop d'années : je voulais la peindre en traits de flamme, hélas! semblable à une lampe sépulcrale prête à s'éteindre, la lumière que j'aurai répandue n'est qu'une faible lueur. J'ai porté sans ménagement le doigt dans la plaie qui menace le corps politique d'une destruction totale : elle est toute entière dans l'immoralité, la corruption, le luxe, les dilapidations, la cruauté, les assassinats, l'injustice, les usurpations ; dans les excès de toute espèce de dépravation de nos premiers Magistrats. Puissent leurs cris de fureur m'envoyer la mort que je leur ai demandée ! qu'ils me délivrent du spectacle de leurs forfaits, par le poison ou les poignards de leurs sicaires ! je leur promets quelque gratitude de ce dernier acte de barbarie envers moi. S'ils font tomber ma femme et ma fille si malheureuses sous les mêmes coups, mes dernières paroles les proclameront humains envers ma famille : si, pour effrayer mes imitateurs et retarder par l'horreur des supplices, la chûte terrible qui les menace, il leur prenait envie de renouveler sur nous les tortures exercées envers Damien et Ravaillac ; s'ils y joignaient tout ce que les tyrans les plus exécrés de l'antiquité, moins féroces qu'eux, les Mézences, les Phalaris, les Commode ont imaginé de plus cruel, nous les supporterions avec délice, pour ajouter à l'indignation qu'ils inspirent : s'ils se contentent d'ordonner qu'on nous guillotine, nous monterons sur l'échafaud comme sur un char de triomphe ; nous nous étendrons sur la planche fatale comme sur un lit de repos ; nos derniers soupirs seront pour la liberté, l'égalité, la justice et le bonheur de nos concitoyens. Lorsque le couteau sanglant de leur tyrannie aura fait tomber nos têtes et nous aura précipités dans l'éternité, nos ames s'envoleront dans le sein de leur créateur, pures et sans tache, telles qu'elles sortirent de ses mains : elles l'exciteront, au nom de sa justice, à frapper dans sa colère les scélérats qui ont ravagé et désolent encore notre malheureuse patrie.

Secondez les veux d'un pére, d'un mari; en nous faisant mourir tous trois de la même mort, du même genre de supplicè : nous sommes également coupables, puisque nous vous exécrons également.

SOPHIE DUBREUIL.

Fe. DUBREUIL, *née* DENIZOT,

DUBREUIL, *ancien Chirurgien-Dentiste de tous les établissemens impériaux à St.-Pétersbourg.*

PÉTITION

Présentée le 6 Frimaire an VI, aux Membres du Directoire-Exécutif

---

CITOYENS DIRECTEURS,

Rentré en France avec ma famille depuis le mois de Juin 1792, par amour pour la liberté et pour obéir aux nouvelles lois de ma patrie; ayant abandonné l'aisance dont je jouissois chez l'étranger, pour les mêmes motifs, j'étais bien éloigné de penser y trouver, au lieu d'une liberté légale et bien entendue, l'opprobe, les vexations et la barbarie la plus atroce ; la spoliation horrible d'une fortune de plus de quatre-vingt mille livres numéraire, fruit de mes économies pendant plus de ving-cinq années d'habitation dans le fond du Nord de l'Europe, disparue comme un songe au nom de la justice, du respect dû aux propriétés légitimes, de l'équité, de la loyauté, de l'humanité et du bonheur public!.... ne me restant plus qu'une rente viagère de 2,400 livres, reversible sur la tête de mon épouse: placée sur l'Etat en 1787, et un billet à ordre de sept mille livres, déposé au bureau des émigrés, souscrit par Boid-Ker et Ce.

Réduit aujourd'hui dans le dénuement le plus absolu avec ma malheureuse famille, éprouvant à-la-fois le supplice de tous les besoins, sans asyle, ne devant un triste refuge qu'à l'humanité du citoyen Papillon à Villers-Cotteret, département de l'Aisne; peut-être à la veille d'être contraint de l'abandonner, et d'aller expirer avec ma famille, au pied d'un arbre de la forêt, pour prix de notre soumission aux lois, si quelqu'un de puissant, en qui tout sentiment d'humanité n'est point encore entièrement éteint, ne vient au moins ajonrner la mort d'une famille infortunée, en accélérant le paiement du quart de l'an V.

Signé DUBREUIL.

PETITION

Présentée le 2 Prairial dernier, aux Membres du Directoire-Exécutif.

DERNIER CRI DE DOULEUR,

Arraché par le plus poignant besoin à une famille réduite au désespoir par le systême actuel de Justice *et* d'Humanité.

CITOYENS DIRECTEURS,

Si jamais la honte a pû aborder une conscience sans reproche ; si jamais j'ai pu me résoudre à rougir, c'est pour ces hommes qui se proclament fastueusement les régénérateurs du genre humain, vivant dans l'opulence et les délices de Capoue, et qui contemplent avec cette insensibilité froide des larmes de sang que la misère fait couler, sans s'occuper aucunement d'en tarir la source, quoique si facile. Ah ! l'aurais-je jamais cru en quittant la Russie, où je jouissais d'une liberté physique, illimitée, et d'une aisance qui se sentait de l'opulence ! l'aurais-je cru, dis-je, au lieu d'une République bien organisée, terrible au dehors, libre et heureuse au dedans, cultivant la liberté, l'égalité et toutes les vertus, voir un cadavre décharné, dont la misère découragée d'un côté, et le faste insolent de l'autre se disputent les tristent lambeaux ! l'aurais-je cru, quand j'entendais des Russes me dire dans leur franche simplicité, avant mon départ, qu'un jour j'aurais regret de les quitter ! l'aurais-je pu croire, qu'ils n'avaient que trop raison ! On m'objectera que je ne suis pas le seul infortuné, et que tous les autres rentiers sont comme moi victimes des secousses révolutionnaires : hélas ! c'est ce qui fait le comble de mon malheur, à moi qui acheterais aux dépens des choses les plus précieuses, de la vie même, l'amélioration du sort du dernier être souffrant. Au reste, je crois, moi, avoir spécialement un juste sujet de plainte : j'oublie les agrémens et la liberté dont je jouissais en Russie ; il est clair que j'y ai renoncé librement, croyant rencontrer dans ma chère patrie quelque chose de plus consolent encore ; mais représentez-vous mon état.

Je rentre en France avec les titres d'une fortune de plus de 80,000 livres, légitimement acquise par vingt-cinq annéesde travaux: eh bien ! la première banqueroute, (car c'est là le vrai mot qui convient à tout ce qui amoindrit ou détruit des propriétés, quoiqu'en dise ce déluge de lois versatiles et contradictoires), la première banqueroute a englouti tout, me laissant une prétendue rente de 2,400 liv., réduite depuis à un tiers, *soi-disant consolidé*, qui ne m'est pas mieux payé que la légitime totalité : en billet à ordre de 7,000 francs, résidu de 40,000, placé sur le trésor royal en 1786, souscrit alternativement, tant par du Harley que par la Borde de Merville, et en dernier analyse par Boid-Ker et Ce. déposé au bureau des émigrés, qui ne nous est pas d'un plus grand secours : ajoutez à cela que je suis privé de la santé ainsi que mon épouse; que j'ai une fille cacochyme, et que nous ne vivons que des larmes du désespoir. Encore, si on nous eût laissé en repos dans notre malheur et dans l'asyle que nous a procuré l'amité et la sensibilitié à Villers-Cotterêt, département de l'Aisne, où nous sommes retirés depuis Vendémiaire 94! mais non : des féroces barbares n'ont cessé de nous persécuter, de nous outrager et de nous insulter comme soi-disant jacobins, et cela par de vils reptiles à circonstances, opprobes de la nature et de tous les partis, toujours prêts à s'atteler au char du dominant, et le traîner ensuite à la boucherie, quand il est renversé par un autre ; qui s'affublaient du bonnet rouge en 93, et composaient le bureau de la société populaire.

Moi qui n'ai jamais été en place ; moi qui, depuis que je suis retiré dans cette commune, me suis condamné à un isolement pour ainsi dire absolu, qui n'ai assisté ni à assemblées primaires ni communales ; moi qui depuis le mois de Juin 1792, que je suis rentré en France, défie qu'il puisse se présenter un seul individu à qui qui j'aye dit seulement un mot désobligeant ; moi, enfin, qui n'ai contribué à la révolution que par mes veux...... eh bien ! citoyens Directeurs, si la coupe du Pouvoir, comme j'aime à le croire et en suis pleinement convaincu, ne vous a pas roidi contre le malheur, et éteint en vous ce sentiment d'humanité, le plus bel apanage des grandes ames, émoussez promptement les poignards cruels et déchirans de tous les besoins, prêts à porter les derniers coups dans le sein d'une famille infortunée, malheureuse victime de sa bonne foi et de sa crédulité : d'abord en nous faisant payer les arrérages de ce tiers consolidé ; ensuite, en nous donnant un asyle dans une maison nationale et une propriété qui puisse nous mettre à même de soutenir les faibles et languissans restes de notre triste vie ; ce qui serait bien aussi juste, je pense, que de voir ces propriétés qui devaient être le gage naturel des légitimes créanciers, devenir la proie d'un essaim d'insectes rongeurs et dévorateurs, pour un vingtième de leurs valeurs réelles : ou bien, en nous faisant payer ces sept mille francs avec les intérêts, qui nous sont hélas ! si bien dûs. S'il ne pouvait être autrement, nous vous prierions alors de nous faire arracher une triste vie. Il y aurait du moins une sorte d'humanité à accélérer un supplice, qui devient tous les jours insupportable.

Signé DUBREUIL.

AUX MEMBRES

DU DIRECTOIRE EXECUTIF.

Paris, le 14 Prairial an VI de la proclamation de la République.

CITOYENS DIRECTEURS,

Voici encore une copie de ma pétition du 2 Prairial : vous l'avez renvoyée au ministre des finances, à l'audience duquel j'ai assisté hier matin. C'étoit donc pour me jouer et m'y faire recevoir ce traitement, pitoyable en apparence, mais au fond assassin et outrageant. Le ministre m'a dit qu'il fallait m'adresser à la liquidation..... à la liquidation !.... c'est-à-dire courir des mois entiers pour obtenir, peut-être, le centième de mes créances !..... Ah ! je vous le dis, je ne connais pas ces prétendues lois, à moins qu'il n'y soit dit en termes exprès : qu'il est ordonné aux légitimes créanciers de l'Etat de mourir de faim pour payer l'or, la pourpre, et les jouissances sardanapáliques de tous nos dévorateurs. Dans ce cas, pour prix de nous être fié à la loyauté française et d'avoir revu notre patrie lorsque nous pouvions vivre heureux en Russie (s'il est un bonheur loin de sa patrie), j'insiste sur le dernier paragraphe de ma Pétition, qui est que vous nous envoyez des bourreaux, pour finir tout d'un coup un vie qu'on nous arrache barbarement, cruellement, horriblement, impitoyablement à petit feu. O bienfaisante nature ! ! ! j'emporterai avec moi la douce consolation, que je défie tous les tyrans réunis, cuirassés de leur quintuple machiavélisme, de me ravir ; oui, j'emporterai avec moi cette douce consolation : que tu recevras sans ce frissonnement d'indignation, les restes animés d'un de tes enfans qui ne t'outragea jamais.

Signé DUBREUIL, *malheureuse victime de sa bonne foi et de sa crédulité.*

NOTA. Quoique j'eusse choisi les épithètes les plus expressives, pour caractériser les Directeurs et les Conventionnels, mon plus grand regret est de n'avoir pu en trouver de plus fortes ou en inventer de nouvelles, qui pussent rendre le sentiment de haîne et d'horreur qu'ils m'inspirent.

FIN.

www.ingramcontent.com/pod-product-compliance
Lightning Source LLC
LaVergne TN
LVHW020331230826
846091LV00003B/832